COLLECTION
DES MÉMOIRES
RELATIFS
A LA RÉVOLUTION FRANÇAISE.

MÉMOIRE
DE M. LE BARON DE GOGUELAT.

IMPRIMERIE DE J. TASTU,
RUE DE VAUGIRARD, N° 36.

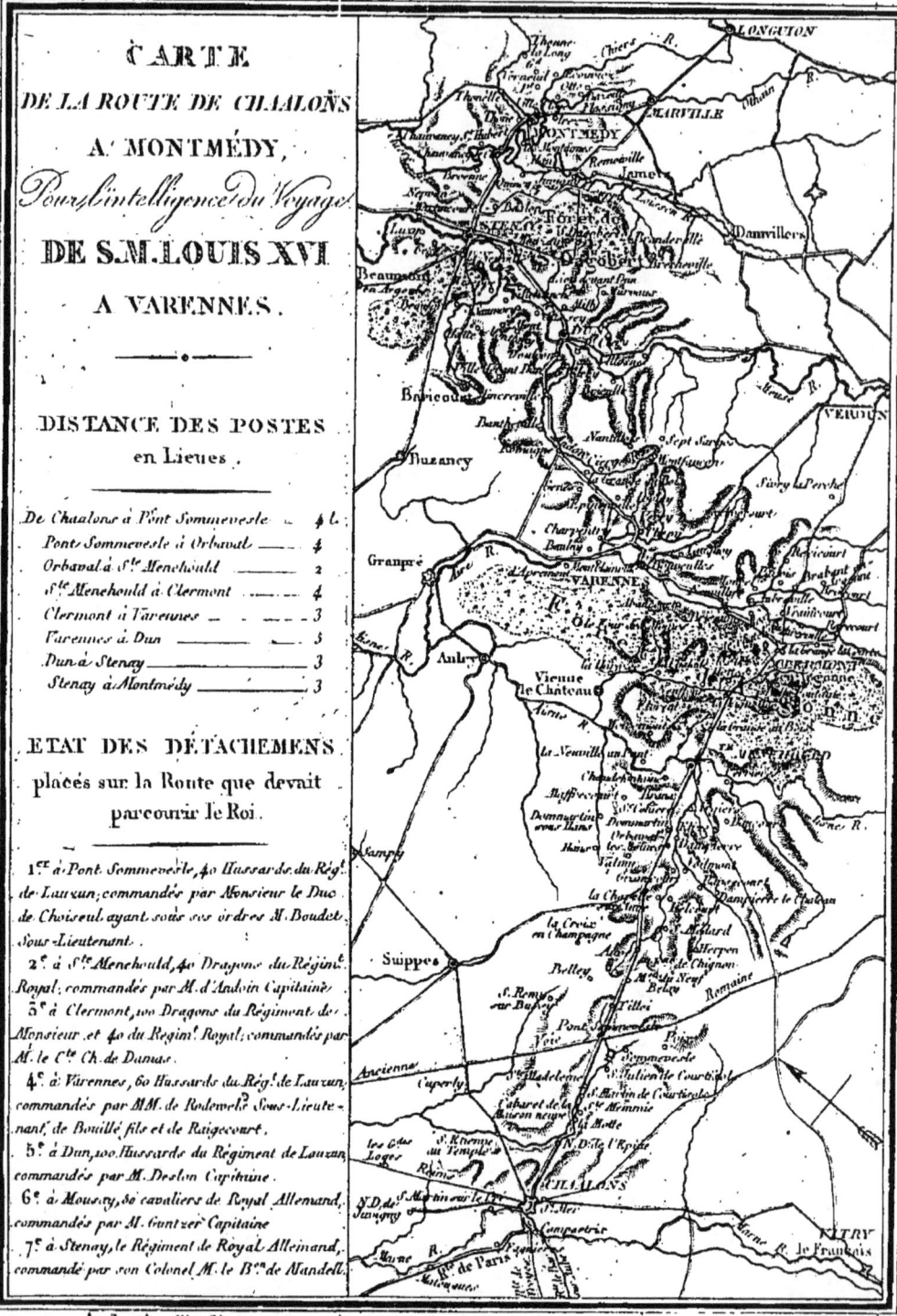

MÉMOIRE

DE

M. LE BARON DE GOGUELAT,

LIEUTENANT-GÉNÉRAL,

SUR LES ÉVÉNEMENS RELATIFS AU VOYAGE DE
LOUIS XVI A VARENNES.

SUIVI D'UN PRÉCIS

DES TENTATIVES

QUI ONT ÉTÉ FAITES

POUR ARRACHER LA REINE A LA CAPTIVITÉ DU TEMPLE.

ORNÉ

D'une carte de la route de Châlons à Montmédy, et de plusieurs
fac-similé des lettres de la Reine MARIE-ANTOINETTE.

PARIS.
BAUDOUIN FRERES, LIBRAIRES,
RUE DE VAUGIRARD, N° 36.

1823.

AVERTISSEMENT
DES ÉDITEURS.

Un des principaux acteurs dans les événemens passés à Varennes, M. le baron de Goguelat, lieutenant-général, n'avait jusqu'à ce moment pris aucune part aux débats que cette entreprise a fait naître. Les attaques un peu vives dirigées contre lui par madame Campan, dans ses Mémoires, l'ont obligé, contre son gré, à rompre le silence. On attendait sa Relation avec impatience; nous la publions: c'était un devoir pour nous de joindre son témoignage aux témoignages contradictoires de madame Campan, de MM. de Bouillé, de Choiseul, de Damas et de Raigecourt. En répondant, avec les égards qu'ils ont droit d'attendre, aux narrateurs qui l'ont précédé, M. de Goguelat n'a eu pour objet que d'éclaircir des faits et d'exposer sa conduite, car, en aucun temps, ses opinions, ses sentimens, son zèle ardent pour Louis XVI et sa famille ne pouvaient être le sujet d'un doute.

Honoré de la confiance de la Reine, M. de Goguelat avait eu, dans bien des circonstances, le bonheur de lui prouver son respect et son dévouement. Il comptait des amis parmi les plus fidèles serviteurs de Sa Majesté. Lié depuis long-temps avec M. et Mme de Jarjaye, il sut les tentatives que l'un avait faites pour délivrer la Reine de la tour du Temple, et tint de la confiance de l'autre les billets même qui furent, à cette occasion, écrits par MARIE-ANTOINETTE du fond de sa prison. Les confidences et les communications de l'amitié ont aidé M. de Goguelat à rassembler les détails de cette entreprise dans un Précis rapide qui suivra sa Relation. Les lettres de la Reine donnent à ce précis un intérêt bien vif. Nous ne dirons qu'un seul mot sur les sentimens touchans que réveillent en foule les billets écrits par cette infortunée Princesse : qui ne les aura pas lus ne saura jamais à quel degré de tendresse et d'héroïsme peut s'élever le cœur d'une mère !

RELATION

DE

M. LE BARON DE GOGUELAT.

Infandum..... jubes renovare dolorem.

Dans un siècle où l'esprit est si commun, la modestie si rare, où la présomption supplée aux talens, l'audace au génie, et le scandale à la célébrité, l'homme sage, désabusé des chimères de la vie, fuit avec soin tout ce qui peut en troubler le repos; il évite surtout de fixer, sans nécessité, l'attention du public.

Mais quelle que soit la juste répugnance que l'on éprouve à se mettre en évidence, il est des motifs auxquels on doit céder. L'un est le désir d'éclaircir, dans l'intérêt de l'histoire, des faits incertains ou dénaturés; l'autre la nécessité d'opposer, pour sa propre défense, le langage de la vérité aux traits de la calomnie, qu'ils aient été dirigés par la malveillance et la haine, ou par une dangereuse légèreté.

Telle est l'obligation qui m'est imposée aujourd'hui. Témoin des principaux événemens de notre cruelle révolution, à portée d'en connaître les détails, d'en discerner les causes, et d'en apercevoir les ressorts cachés, la part indirecte et accidentelle que j'ai pu y prendre, pour la défense du trône, n'a jamais été de nature à influer d'une manière positive sur les résultats. Ma surprise a donc été grande, lorsqu'en lisant plusieurs relations publiées à l'occasion de ces mêmes événemens, et particulièrement en ce qui concerne le voyage de Varennes, j'ai remarqué la singulière affectation avec laquelle on avait cherché à rejeter sur moi toutes les fautes qui en ont amené la fatale issue.

De toutes ces relations, celle qui jusqu'à cette heure m'avait paru mériter le plus mon attention, et exiger plus impérieusement une réponse de ma part, a pour auteur M. le marquis de Bouillé, lieutenant-général qui, dans le temps, s'était chargé de former le plan d'évasion du roi, d'en diriger lui-même l'exécution, et d'en assurer le succès, et qui ensuite crut devoir rendre compte au roi de la conduite qu'il avait tenue lors de cette malheureuse affaire, dans un Mémoire rédigé par lui-même pour être remis au roi, et inséré dans l'ouvrage de M. Bertrand de Molleville, tome V, pages 332 et suivantes. Il écrivit à la même époque (1791) une lettre à l'Assemblée, datée de Luxembourg, puis un Mémoire en deux volumes, qui ne fut publié qu'en 1797.

Quoique le rapprochement de ces différentes

pièces ne présente point l'accord et l'harmonie désirables, et qu'on remarque entre elles plusieurs contradictions, cependant le rang, le caractère personnel de l'auteur et le rôle qu'il a joué dans cette entreprise, donnaient à ses assertions trop de poids et d'importance pour qu'il me fût permis de renoncer à répondre à celles qui me paraissaient erronées et préjudiciables à ma réputation.

Cette considération m'avait donc déterminé à rédiger une réponse aux Mémoires de M. le marquis de Bouillé, et à attendre, pour la publier, une occasion propice que me refusèrent long-temps les circonstances politiques et générales, non moins que les événemens particuliers qui ont agité ma vie. Je crus cependant trouver un moment favorable lorsque je vis paraître l'Histoire de la révolution française par M. Bertrand de Molleville. Cet ouvrage reproduisait les mêmes imputations dont j'avais eu à me plaindre en lisant les Mémoires de M. le marquis de Bouillé : j'adressai ma réclamation à M. Bertrand, et j'obtins de lui la promesse formelle d'insérer ma réfutation dans une nouvelle et prochaine édition de son ouvrage. La mort ne lui permit pas de remplir cet engagement, et j'ajournai encore la publication de ma défense.

Les autres relations ou rapports concernant le même objet ne présentaient pas autant d'importance, et n'exigeaient pas d'ailleurs de réponse particulière, les uns ayant été rédigés par les ordres de M. le marquis de Bouillé, et les autres n'étant, en quelque sorte, que la copie de ce qu'il avait publié lui-même. J'en excepte néanmoins le Mémoire de M. le duc de Choiseul, qui ne se trouve pas plus que moi-même d'accord sur les faits avec ce général.

J'avais momentanément perdu de vue cette affaire, lorsque les Mémoires de madame Campan vinrent me la rappeler.

Je remarquai que cette dame ne s'était point contentée de suivre les erremens de M. de Bouillé, en répétant les inculpations qu'il avait dirigées contre moi, mais qu'elle avait eu soin d'y en ajouter d'autres non moins graves, et, je puis dire, non moins injustes, dont on ne peut lui contester l'invention. Je l'avouerai, les motifs peu nobles qui l'ont fait parler ainsi, et la connaissance particulière que j'avais de ses sentimens à mon égard, et de ses véritables opinions, auraient suffi pour me dispenser de repousser ses attaques, si je n'étais persuadé que, par une véritable perfidie, elle a mis dans la bouche de la reine une partie des reproches qu'elle n'a pas craint de m'adresser. Tel est le principal motif qui me force à rompre aujourd'hui le silence.

Basée sur la plus exacte vérité et la plus sincère exposition des faits, ma réponse à madame Campan détruira en même temps l'impression que pourraient faire naître les passages de ses Mémoires, où elle s'est plue à dénaturer ma conduite et celle qui résulterait également d'une partie des allégations de M. le marquis de Bouillé.

Afin d'éviter la confusion ou des répétitions fastidieuses, une note spéciale insérée à la fin de ce Mémoire signalera les erreurs qui se sont glissées dans ceux de M. le marquis de Bouillé, ainsi que dans toutes les relations où elles se reproduisent, et je démontrerai jusqu'à l'évidence qu'aucun des reproches que l'on m'a si gratuitement adressés n'est fondé (1).

Les Mémoires de madame Campan, qui font le principal objet de ma réponse, ont dans ce moment une grande vogue; le sujet est trop intéressant, l'époque à laquelle ils nous reportent est encore trop rapprochée de nous, pour qu'il en soit différemment. Aux yeux de celui qui, ne s'attachant qu'à la superficie, n'a ni le pouvoir, ni la volonté de scruter le fond des choses, ils ne sont en effet dépourvus ni de mérite ni d'agrémens.

Quant à moi, faisant un moment abstraction des erreurs qui me concernent, je conviendrai avec franchise qu'une partie de ces Mémoires offre un objet d'utilité réelle, en ce que les détails qu'ils renferment détruisent radicalement une foule de

---

(1) Voyez dans les Éclaircissemens historiques la note sous la lettre A.

calomnies que la plus coupable malveillance s'était plue à diriger contre la reine.

Je suis convaincu qu'elle a écrit son ouvrage avec le désir de venger la mémoire de cette infortunée princesse. Je me plais à rendre justice aux sentimens d'attachement et de fidélité qu'elle avait voués à la reine; mais je n'en regrette que plus vivement que le même esprit de vérité et d'impartialité n'ait pas toujours présidé à ses jugemens. On peut aisément assigner les causes de ses méprises et de ses préventions. Quoi qu'il en soit, si pour écrire avec succès l'histoire de son temps il suffisait de joindre à la connaissance générale des événemens principaux quelques notions particulières, et l'art de compléter et d'orner ses récits à l'aide d'une imagination plus ou moins féconde, on pourrait regarder les Mémoires de madame Campan comme un ouvrage digne de la faveur dont il paraît jouir aujourd'hui.

Si au contraire on considère comme base essentielle de toutes les relations historiques une qualité sans laquelle ces relations ne sont dignes ni d'estime ni de confiance, je veux dire l'impartialité, le jugement qu'on en portera sera moins favorable.

A même par sa position d'être au courant de bien des choses, madame Campan n'avait cependant pas toujours la facilité de les approfondir; bien souvent elle n'en apercevait que la surface, et son emploi même, quelque avantageux qu'il fût à certains égards, puisqu'il lui procurait les moyens d'approcher de très-près, pour son service, les personnes les plus augustes, ne l'en tenait pas moins, sous tous les autres rapports, à une immense distance (1).

L'illusion et la présomption furent pour elle le résultat de ce contraste qui, en aiguillonnant également l'amour-propre et la curiosité naturelle à son caractère jaloux, ambitieux et léger, lui ont fait plus d'une fois méconnaître sa véritable position, chose d'autant moins surprenante qu'au fond elle était imbue des idées nouvelles sur les distinctions sociales; il est facile de s'en convaincre en parcourant son ouvrage.

J'ai lu ces Mémoires avec tout l'intérêt qui s'attache naturellement au sujet, et qui devait naître de mes sentimens personnels, comme de mes propres souvenirs.

Mais j'y ai remarqué des erreurs, de nombreuses preuves de jactance et de partialité; enfin l'ancienne trace de petites passions dont l'âge, le temps, et surtout la douloureuse importance du sujet auraient dû préserver l'auteur.

C'est particulièrement aux passages qui me concernent que s'applique cette réflexion; personnellement attaqué dans les Mémoires de madame Campan, je me vois à regret forcé de me défendre, et

---

(1) Voyez la note B.

de revenir sur des faits dont le souvenir déchire l'ame de tout bon Français.

Et puisqu'il me faut bien parler de moi-même, je vais dire en quelques lignes les causes des attaques malveillantes qu'elle a dirigées contre moi.

Madame Campan était fort jalouse de la confiance de la reine, qu'elle était loin de posséder tout entière; animée du désir d'avancer sa famille, elle aspirait pour ses parens, pour ses amis, aux places qui pouvaient donner de l'accès auprès de la reine et quelque influence dans son service.

L'emploi de secrétaire intime avait été longtemps rempli par son beau-père qui avait et méritait toute la confiance de la reine. Madame Campan croyait apparemment cet emploi héréditaire dans sa famille. A l'époque de la mort de M. Campan, la position du roi et de la reine était devenue si malheureuse, que la confidence de leurs desseins ou de leurs douleurs, le soin de la correspondance de la reine, les dangers qu'elle pouvait attirer, exigeaient un mystère impénétrable, une discrétion à toute épreuve. Sa Majesté daigna jeter les yeux sur moi pour remplir cette fonction; mais par un effet de cette bonté qui caractérisait toutes ses actions, elle ne voulut point qu'une nomination officielle blessât des prétentions qu'elle ne pouvait satisfaire: ma nomination resta secrète. Madame Campan la sut moins qu'elle ne la devina. C'en fut assez pour exciter sa jalousie, et je n'ai pas besoin de chercher d'autres causes aux traits de sa malignité (1).

Soldat dès mes plus jeunes années, éloigné par la nature de mes occupations, par mes projets et mes goûts, de tout ce qui tient à la politique et aux affaires, je n'avais d'autre ambition que de parcourir honorablement ma carrière; et si je parus à la cour, si je fus assez heureux pour recevoir du roi et de la reine des marques réitérées de confiance, d'estime et de bonté, je ne dus d'abord cet honneur qu'à des circonstances accidentelles qui offrirent à Leurs Majestés l'occasion d'apprécier mes sentimens pour elles, et ensuite à quelques-uns de ces déplorables événemens qui, en rapprochant momentanément les distances, établissent des rapports immédiats entre un prince malheureux et un sujet fidèle.

Officier au corps des ingénieurs géographes des camps et armées du roi, j'avais eu l'honneur de présenter à la reine des plans de Saint-Cloud et de Trianon, dans l'espoir qu'ils lui seraient agréables. En effet Sa Majesté daigna les accueillir avec une grande indulgence, et m'employer ensuite à quelques autres travaux du même genre. Bientôt après, par sa protection, je passai dans le corps de l'état-major de l'armée, et je fus ensuite chargé d'une mission particulière près de M. le comte Esterhazy,

---

(1) Voyez la note C.

qui se trouvait à Valenciennes en qualité de commandant de la province du Hainaut.

Plusieurs missions successives d'une haute importance mirent le sceau aux preuves multipliées de la bienveillance et de la confiance du roi et de la reine. J'en reçus les marques avec une respectueuse reconnaissance, mais non sans quelque inquiétude, craignant que mon intervention dans des affaires d'une nature si délicate et si importante ne produisît pas toujours les résultats qu'on semblait en attendre; ne me dissimulant pas d'ailleurs qu'en cas de succès chacun voudrait s'en approprier l'honneur, mais que, si l'on éprouvait des revers, rien ne serait négligé pour en rejeter sur moi tout le blâme.

L'issue fatale du voyage de Varennes n'a que trop justifié ce pressentiment.

De toutes les relations publiées jusqu'à présent sur cette affaire, il n'en est aucune qui me paraisse parfaitement exacte, aucune qui ne contienne quelque erreur dont je n'aie personnellement à me plaindre. Mais ce qu'il y a de très-étrange, c'est que chaque auteur me fournit des armes pour repousser les attaques des autres, et quelquefois les siennes propres.

En réfutant les erreurs dont fourmillent les passages qui me concernent dans les Mémoires de madame Campan, notamment ce qui a rapport au voyage de Varennes, je combattrai également celles qui m'ont frappé dans les autres relations, en me conformant à l'ordre des temps et des événemens, afin d'éviter la confusion et des répétitions inutiles.

On n'attend pas sans doute d'un officier-général qui déjà, à l'époque dont parle madame Campan, occupait un grade honorable dans l'armée(1), et se voyait investi de la confiance de la reine, qu'il relève les expressions d'une femme vivement blessée dans son amour-propre. J'abandonne aux personnes qui ont connu le monde et la cour, à cette époque, le soin de décider jusqu'à quel point l'épithète dont madame Campan me gratifie pouvait être applicable à mon grade et à ma position (2). Je me contente d'observer que je ne m'étais point *introduit* sans mission, comme elle semble le faire entendre, dans la connaissance confidentielle des affaires de la reine et de son auguste époux.

Quiconque a eu l'honneur d'approcher de près Leurs Majestés sait combien peu elles étaient accessibles à des moyens indignes d'elles, même dans les circonstances les plus critiques.

Bienfaisant comme la nature, simple comme la vérité, mais imposant comme la vertu, Louis XVI inspirait au premier abord la confiance et le respect; son inaltérable bonté, qui lui rappelait sans cesse qu'il était le père d'une grande famille, ne lui

---

(1) J'étais alors capitaine au régiment d'Artois, dragons.
(2) Voyez la lettre D dans les Éclaircissemens.

eût jamais fait oublier qu'il était le souverain d'un grand peuple.

Pour régner sur les cœurs la reine n'avait pas besoin d'une couronne. Cette princesse joignait aux agrémens de son sexe les grandes qualités de sa race et toute la majesté de son rang. Jamais tant de grâces n'accompagna tant de bonté; la bienfaisance était pour elle un besoin, sans pour cela cesser d'être une vertu. L'empressement avec lequel elle s'y livrait sans effort, sans relâche, souvent sans intermédiaire, ne tenait point au désir d'exciter la reconnaissance, mais à celui de satisfaire son cœur; ce cœur qui ne trouvait pas de plus douce jouissance que celle de faire le bien, et que des monstres ont si cruellement déchiré après l'avoir abreuvé de tant d'amertumes.

Ce n'était pas près de tels souverains qu'on eût osé s'*introduire* sans motifs et sans quelque titre à leur indulgence; mais cette indulgence même, cette confiance surtout qui en fut la suite, furent, comme on l'a déjà vu, mes principaux torts aux yeux de madame Campan.

Elle m'accuse d'abord d'avoir compromis la reine par mon exaltation et mon imprudence, en allant à l'Assemblée nationale pour y fronder les motions des députés, et répéter ensuite ce que j'avais dit et entendu. Elle attribue au mécontentement de la reine mon voyage à Valenciennes, près de M. le comte Esterhazy; mais elle avoue en même temps qu'elle fit de vains efforts pour me faire perdre la confiance de Sa Majesté, qui, « *malheureusement,* » dit-elle, en éloignant M. de Goguelat, conserva » l'idée que dans un cas périlleux et qui exigerait » un grand dévouement, cet homme serait utile à » employer. » Puis elle ajoute : « Qu'on lui donna » en 1791 la commission de contribuer, de con- » cert avec M. le marquis de Bouillé, à l'évasion » du roi. »

Cet aveu suffirait seul pour dévoiler les motifs secrets de la sévérité de l'auteur envers moi, et pour établir en même temps ma justification; car dès que la reine me conservait sa confiance, il fallait qu'elle eût reconnu que j'étais exempt de torts. En effet un zèle trop pur, je dirai même trop éclairé, dirigeait ma conduite et mes démarches, pour que je m'exposasse à compromettre en rien Leurs Majestés. Jamais je n'allais à l'Assemblée que dans l'intérêt de leur service; à mon retour je ne communiquais mes réflexions qu'à elles. Rien de plus absurde que de m'accuser de divulguer ce que j'avais entendu, puisque les séances étaient publiques. Enfin, si j'eusse eu l'imprudence de vouloir les troubler, c'eût été sans utilité pour la cause que j'ai défendue toute ma vie, mais non avec impunité.

Quant à ma mission près M. le comte Esterhazy, je dois me borner à dire que son motif ostensible ne fut qu'un prétexte qui servit à dérober au public la connaissance de son véritable objet.

Passons à une accusation plus grave, mais non moins ridicule. « La reine, dit madame Campan, » attribuait essentiellement à M. de Goguelat l'ar- » restation à Varennes. » Elle disait : « qu'il avait » mal calculé le temps que devait durer le voyage, » qu'il avait fait celui de Montmédy à Paris, seul » dans une chaise de poste, avant de venir prendre » les derniers ordres du roi, et avait établi tous » les calculs sur le temps qu'il avait mis à faire le » trajet. On en a fait depuis l'épreuve, ajoute-t-elle, » et une voiture légère, sans courrier, a mis près » de trois heures de moins qu'une voiture lourde » et précédée d'un courrier. »

Rien de plus simple que ma réponse : après avoir fait effectivement l'épreuve et le voyage dont parle madame Campan, je rendis compte du résultat au roi, en spécifiant le genre de voiture dont j'avais fait usage, et je partis de Paris pour remplir de nouveaux ordres. Lorsque Sa Majesté quitta la capitale, je n'étais point près d'elle ; c'était aux personnes qui avaient l'honneur de l'accompagner, à celles surtout qui étaient chargées de diriger la marche, de prendre les précautions convenables pour arriver aux heures indiquées ; et ces personnes, qui avaient connaissance de l'essai que j'avais fait, devaient nécessairement faire entrer dans leurs calculs, non-seulement les différences résultantes du genre et du poids des voitures, mais encore toutes les circonstances éventuelles qui pouvaient retar-

der la marche. En effet « la voiture du roi cassa à
» douze lieues de Paris; il voulut monter une mon-
» tagne à pied, et ces deux circonstances, ajoute
» madame Campan, complétèrent le retard de trois
» heures (1). »

Il est donc évident que, sous aucun rapport, on ne peut m'imputer les retards qu'éprouva le roi dans son voyage, non plus que les funestes effets qui en sont résultés.

Les autres inculpations dirigées contre moi, à l'occasion de ce malheureux événement, n'ont pas plus de fondement.

On m'accuse d'avoir causé l'arrestation qui eut lieu à Varennes, en me retirant de Pont-de-Somme-velle, poste qui m'était confié, où, -dit-on, je commandais cinquante hussards, et d'où devaient partir les ordres pour tous les autres postes, ainsi que d'avoir quitté la grande route pour me replier sur Varennes, par des chemins de traverse, dans la crainte d'occasioner un attroupement au moment du passage du roi (Mém. de madame Campan, pag. 155, tom. II); reproche que M. le marquis de Bouillé adresse également dans ses Mémoires à M. le duc de Choiseul et à moi, et qui est répété par M. Bertrand de Molleville dans son Histoire de la révolution française.

M. le duc de Choiseul s'est chargé de me discul-

---

(1) Voyez les Mémoires de madame Campan, t. II, p. 527.

per de ces imputations, en déclarant : 1° que je n'avais eu d'autre mission, dans cette circonstance, que celle de lui amener à Pont-de-Sommevelle un détachement de quarante hussards, ce qui eut lieu au jour et à l'heure indiqués; 2° que c'était lui qui commandait le détachement, et non pas moi; 3° que ce fut par ses ordres et non par les miens que la retraite de Pont-de-Sommevelle s'opéra sur Varennes et par des chemins de traverse, fondant cette détermination sur un motif de prudence qui avait pour objet d'éviter à Pont-de-Sommevelle les suites d'un mouvement populaire dont on était menacé sur ce point, et dont la coïncidence avec le passage du roi eût été désastreuse, craignant en outre de causer des inquiétudes et une rumeur nouvelle à Sainte-Menehould où mon apparition avec les hussards avait précédemment occasioné quelque défiance.

Écoutons M. le duc de Choiseul : « Tous mes
» devoirs, dit-il, se trouvaient dans ces mots :
» faire en sorte que la voiture du roi continue sa
» route sans obstacle (Mém. du duc de Choiseul,
» pag. 83). » Et plus haut : « Si j'eusse paru de-
» vant un conseil de guerre, j'aurais dit : Oui, j'ai
» quitté Pont-de-Sommevelle ; j'ai dû le faire, et
» le ferais encore dans les mêmes circonstances ;
» l'important était que le roi passât, et il a passé ;
» l'important était de ne pas augmenter le trouble
» et les obstacles à Sainte-Menehould, et Cler-

» mont était un point sûr. M. le comte de Damas
» (Charles) y était; le roi y passa. Où le roi fut-il
» arrêté? A Varennes. Je n'y commandais pas. »
(Mém. de M. le duc de Choiseul, avant-propos,
pag. 25.) Et moi, dirai-je, moi qu'on accuse si légèrement, si gratuitement de tous les torts, de toutes les fautes qui peuvent avoir été commises sur tous les points de la route, je ne commandais nulle part. Suis-je suffisamment justifié?

Je n'entrerai point dans l'examen des différens points qui font l'objet de la discussion soutenue de part et d'autre avec vivacité.

Je remarquerai cependant que si l'on considère que le général énonce dans ses Mémoires (p. 382, tom. II), qu'il avait eu la précaution d'envoyer à Varennes deux officiers dont l'un était un de ses fils, que ces officiers étaient chargés de soigner les relais, et qu'on se rappelle les faits qui se passaient à Varennes, on est fondé à croire que, dans la relation publiée par M. de Bouillé, d'après des Mémoires infidèles, la tendresse du père a pu nuire à l'impartialité de l'historien.

C'est à tort que l'on a prétendu que Pont-de-Sommevelle était un point dont dépendaient tous les autres, puisqu'il est notoire et constaté, par la relation même de M. de Bouillé, que les commandans des différens postes avaient chacun leurs ordres; et certes la raison et la prudence ne permettaient pas que cela fût autrement.

« Quant à nous, étant éloignés de seize lieues de
» Varennes, lieu de la catastrophe, tout ce que
» nous pûmes faire, ainsi que le remarque M. de
» Choiseul, fut de nous y porter au péril de notre
» vie.

» Vous sentez, dit-il dans sa lettre à M. de Bouillé,
» du 12 août 1820, insérée dans ses Mémoires
» (avant-propos, pag. 11), vous sentez que,
» n'ayant pas voulu quitter le roi, qu'ayant pré-
» féré notre devoir à notre sûreté, M. de Damas,
» M. de Goguelat et moi fûmes long-temps entre
» la vie et la mort, que nous fûmes mis au cachot à
» Varennes, conduits ensuite dans les prisons de
» Verdun, M. de Goguelat, qui était blessé, dans
» les prisons de Mézières. »

Pour terminer cet article, il me resterait encore à
répondre à une autre assertion de M. le marquis de
Bouillé, celle qui a pour objet le prétendu contre-
ordre donné par nous aux détachemens placés à
Sainte-Menehould et à Clermont. Il nous reproche
de leur avoir dit de ne plus attendre le roi ; mais je
suis dispensé de toute réponse par la précaution
qu'a eue le général de nous disculper lui-même,
en disant ailleurs, qu'ayant effectué notre retraite
par un chemin de traverse, nous n'avons passé ni
à Sainte-Menehould, ni à Clermont, contradic-
tion trop manifeste pour qu'il soit nécessaire de la
faire ressortir davantage.

Les déclarations plus que désintéressées de M. le

duc de Choiseul m'ont suffi pour repousser l'attaque dirigée contre moi, à l'occasion de ce qui s'est passé à Pont-de-Sommevelle; elles suffiront encore pour me justifier d'une autre inculpation non moins grave, si elle n'était tout-à-fait dénuée de vraisemblance : je parle de l'absurde question que l'on m'accuse d'avoir faite aux hussards, en leur demandant *s'ils étaient pour le roi ou pour la nation*, question tellement contraire aux principes, aux usages militaires et à mon caractère connu, que je ne crains pas de dire que l'assertion de plusieurs témoins oculaires et dignes de confiance serait à peine suffisante pour y faire ajouter foi. Je sais cependant qu'elle se retrouve (page 80, tome II) dans les Mémoires de M. le marquis de Bouillé, qui non-seulement n'était pas sur les lieux, mais qui même n'y avait personne qui pût l'instruire de ce qui s'y était passé; au surplus, cette erreur n'est pas la seule qui se soit glissée dans la relation du général.

Mais elle n'a point été partagée par M. de Choiseul qui était présent; et M. Bertrand de Molleville, qui ne pouvait avoir aucune connaissance personnelle des faits, n'a pu que copier M. le marquis de Bouillé. C'est ainsi qu'il s'en est expliqué avec moi, dans sa lettre datée de Londres, le 19 décembre 1803, par laquelle il me déclare qu'il consent à rectifier les passages de son histoire contre lesquels je lui avais adressé des réclamations, promesse qu'il eût sans doute effectuée, si une mort trop prompte n'eût mis un terme à ses travaux, comme je l'ai dit précédemment (1).

Quant à madame Campan, je crois avoir dévoilé les motifs secrets qui ont guidé sa plume dans tout ce qu'elle a écrit sur mon compte.

C'est à ces mêmes motifs qu'on doit encore attribuer deux autres reproches aussi absurdes que les précédens, l'un, d'avoir soumis au roi, à son entrée dans Varennes, la question de savoir s'il voulait passer par les moyens de la force; l'autre, d'avoir demandé aux dragons s'ils étaient disposés à protéger la sortie du roi, question à laquelle madame Campan prétend qu'ils répondirent par *des murmures, et en baissant la pointe de leurs sabres.* Ces deux faits sont également faux : d'abord, il est notoire que je ne suis arrivé à Varennes qu'une heure au moins après le roi; je n'ai donc pu lui faire, à son entrée dans cette ville, la question qu'on me prête; et celle qu'on me reproche d'avoir faite aux dragons tombe d'elle-même, puisque tout le monde sait qu'il n'y avait point de dragons à Varennes, ceux du poste de Clermont ayant abandonné leur commandant, M. le comte Charles de Damas, qui se rendit sans sa troupe près de la famille royale.

C'est ici le cas de répondre à une question qui

---

(1) Les Éclaircissemens contiennent, sous la lettre E, la réponse que m'adressa de Londres M. Bertrand de Molleville.

m'a frappé, dans les Mémoires de M. de Bouillé (page 75, tome II), quoiqu'elle n'ait point été répétée par madame Campan. M. de Bouillé demande pourquoi, si nous n'avons pu délivrer le roi, nous n'avons pas pris tous les moyens de l'empêcher de partir pour Paris; *et*, ajoute-t-il, *il y en avait mille*.

Je répondrai franchement que je n'en connaissais que deux : la persuasion et la force. Le premier fut tenté inutilement pour déterminer le roi, soit à vaincre les obstacles qui s'opposaient à ce qu'il continuât sa route jusqu'à Montmédy, soit à refuser de retourner à Paris. Sa Majesté pensait qu'en persistant dans sa résolution, elle compromettrait la vie de quelques-uns de ses sujets; et, dans cette circonstance, comme dans toutes les autres, cette persuasion seule suffisait pour l'engager à céder aux instances de ses ennemis, et à repousser les conseils de ses amis.

Cette disposition habituelle chez un prince qui avait résolu de faire le sacrifice de son repos, de son bonheur, de son pouvoir et de sa vie, plutôt que de permettre qu'une goutte de sang fût versée pour sa défense, explique toute sa conduite. Ce défaut, si c'en est un, n'était qu'un excès de vertu, comme sa prétendue faiblesse ne fut jamais qu'un excès de courage qui puisait sa source dans une entière abnégation de lui-même, et une bonté plus qu'humaine dont il obtint un cruel prix.

Le second moyen, la force, était physiquement et moralement impossible à employer : physiquement, en ce que n'ayant pas pour nous la volonté prononcée du roi, le peu d'hommes qui se trouvaient sous nos ordres, et sur lesquels déjà nous ne pouvions pas tout-à-fait compter, auraient infailliblement refusé de nous obéir, et de charger une multitude exaspérée dont le nombre était centuple du leur; en sorte que nous aurions eu tout à la fois à combattre la résistance du peuple, la désobéissance de la troupe, et, puisqu'il faut tout dire, la volonté du roi.

L'impossibilité morale était plus grande encore; car comment se permettre d'employer la force contre son roi, même pour le servir? N'était-il pas pour nous l'arche sainte? Comment manquer en même temps au respect dû à sa personne sacrée, et assumer sur nous l'épouvantable responsabilité des suites funestes qui pouvaient être le résultat de nos imprudens efforts? Et puis, pouvions-nous lire dans l'avenir? Depuis trente ans je pleure sur la tombe de nos augustes maîtres; j'aurais donné mille fois ma vie pour racheter la leur; mais je n'ai rien à me reprocher envers eux, et c'est là ma seule consolation.

Après avoir dissipé les nuages que des motifs peu généreux sans doute avaient porté madame Campan à élever sur ma conduite, à l'occasion de l'affaire de Varennes, dans l'impuissance où elle était d'en faire naître sur mes intentions, je vais, bien moins dans l'intérêt de ma justification que je crois complète, que dans celui de la vérité historique, et pour l'entier éclaircissement des faits, rendre un compte succinct et fidèle de ceux auxquels j'ai participé ou dont j'ai été témoin.

Au mois de juin 1791, M. le marquis de Bouillé, lieutenant-général, employé à Metz en qualité de commandant des Trois-Évêchés, travaillait pour le roi à un plan d'évasion qui avait pour objet de faciliter à Sa Majesté les moyens de quitter sa capitale pour recouvrer sa liberté, et se retirer dans une place forte, sur une des frontières de ses États (1). Le roi voulait s'y entourer de troupes fidèles, afin de pouvoir, en sûreté et sans obstacles, prendre les mesures nécessaires pour rétablir l'ordre, arrêter les progrès de l'anarchie, et donner à son peuple des institutions sages, appropriées aux temps, aux circonstances et à l'état de la société.

Instruit par une lettre du roi du désir qu'il éprouvait qu'on lui envoyât M. le duc de Choiseul ou moi, pour lui fournir les renseignemens convenables sur la route qu'il devait suivre, et les précautions qu'il aurait à prendre pour se rendre à Montmédy, M. le marquis de Bouillé nous manda l'un et l'autre à Metz.

---

(1) Voyez la note sous la lettre E bis.

Ce général prescrivit à M. de Choiseul de partir pour Paris, et d'y attendre les ordres du roi. En outre, il lui donna les siens, tant pour lui que pour M. le comte Charles de Damas qui était en garnison à Saint-Mihiel. M. de Damas était chargé de placer un détachement de son régiment à Sainte-Menehould, et par conséquent de donner à l'officier qui devait le commander les instructions nécessaires. M. de Choiseul avait ordre de désigner à ses gens l'endroit où serait placé le relais du roi, et d'enjoindre aux officiers sous son commandement d'employer toutes leurs forces pour défendre et protéger la famille royale, ainsi que pour assurer son passage.

Ces ordres étaient précis et détaillés; deux officiers, dont l'un était le fils cadet du général, furent chargés de placer le relais à Varennes, de le tenir à la disposition du roi, d'y attendre Sa Majesté, et d'instruire M. de Bouillé de son arrivée, aussitôt qu'elle aurait lieu.

Ce ne fut que deux jours après l'expédition de ces ordres, que M. de Bouillé m'enjoignit de me rendre près du roi. « Deux jours après, dit ce gé-
» néral dans ses Mémoires, je dépêchai M. de
» Goguelat au roi, chargé de l'instruire de toutes
» les particularités qui pouvaient assurer sa re-
» traite (1). »

---

(1) Mémoires de M. le marquis de Bouillé; tom. II, pag. 60.

Je fus assez heureux pour remplir ma mission à la satisfaction de Sa Majesté, et je rapportai à M. de Bouillé l'assurance que le roi approuvait son plan et consentait à s'y conformer.

Chargé ensuite de conduire à Pont-de-Sommevelle, à M. le duc de Choiseul, un détachement des hussards de Lauzun, j'y arrivai au jour et à l'heure indiqués, le 21 juin à midi. (Voir les Mémoires de M. de Choiseul.) J'y trouvai ce colonel à qui je remis le détachement, en lui annonçant que l'officier qui commandait (c'était un lieutenant nommé M. Boudet) n'était point instruit du véritable motif de ce mouvement. M. le duc jugea convenable de le lui faire connaître.

Quelques obstacles que j'avais éprouvés en passant à Sainte-Menehould, obstacles dont il ne faut point chercher la cause, comme l'a fait M. de Choiseul, dans des circonstances particulières, telles que le renvoi de ma voiture, etc., etc.; mais bien dans l'effervescence générale qui régnait alors, et l'inquiétude que différens mouvemens de troupes avaient inspirée aux habitans; le retard qu'éprouva l'arrivée du roi à Pont-de-Sommevelle, retard causé par une foule de ces petits accidens qui influent d'une manière si puissante sur les plus grands événemens; la défiance que manifestèrent des gendarmes envoyés de Châlons, et les habitans du voisinage, défiance que la prolongation du séjour des hussards ne faisait qu'augmenter; l'insurrection d'une commune très-rapprochée de la route ; tout cela fit craindre à M. de Choiseul que la présence du détachement qu'il commandait ne fût plus nuisible qu'utile au passage du roi, et le détermina, après une attente de trois heures, à se retirer avec sa troupe, et à gagner Varennes par des chemins de traverse.

Rien ne s'opposa à la marche de Sa Majesté jusqu'à ce dernier gîte où l'infâme Drouet, qui l'avait reconnue à Sainte-Menehould, se rendit quelques instans avant elle, et la fit arrêter.

Le roi était arrivé à Varennes sans qu'aucun des trois courriers qui l'accompagnaient l'eussent précédé d'une minute ; personne ne se présenta pour apprendre à Sa Majesté où était placé son relais ; les deux officiers envoyés par M. de Bouillé pour le soigner, assurer le passage, et faire donner à ce général avis de l'arrivée du roi, étaient à l'auberge ; la troupe était dans sa caserne, et n'avait pas paru.

L'arrestation eut lieu d'abord sans violence sous le double prétexte de viser les passe-ports et du mauvais état des chemins, qui ne permettait pas de voyager par une nuit aussi profonde.

Le roi consentit à descendre avec sa famille chez le procureur de la commune, nommé Sausse ; il était environ onze heures et demie. Nous arrivâmes une heure après, M. de Choiseul, son détachement et moi, nous entrâmes dans Varennes après une légère résistance.

Le tocsin sonnait; on battait la générale; des gens armés parcouraient les rues en tout sens; je m'informai de la cause de ce mouvement extraordinaire; j'appris le fatal événement, et je chargeai un jeune officier du régiment de Lauzun, nommé M. Rodwell, d'aller en instruire sur-le-champ M. le marquis de Bouillé.

Surpris de n'apercevoir aucun vestige des troupes destinées à l'escorte du roi, M. le duc de Choiseul et moi courûmes au quartier des hussards; après en avoir rassemblé quarante, nous environnâmes la maison où était Sa Majesté, et un attroupement qui s'était formé à la porte fut promptement dissipé. M. de Choiseul fut alors prendre les ordres du roi, et je parcourus rapidement la ville pour connaître le véritable état des choses; aucune des dispositions faites par les malveillans ne me parut présenter d'obstacles réels au passage de Sa Majesté (1).

Près du pont je remarquai deux pièces de canon

---

(1) J'ai dit plus haut que *je ne commandais nulle part*. On sera donc surpris de me voir à la tête des hussards stationnés à Varennes; mais la surprise cessera, si on remarque que M. le sous-lieutenant Boudet, seul officier du régiment présent dans cette ville, se retira dans sa caserne, et qu'il laissa le commandement à un maréchal-des-logis très-suspect. Il fallait un chef pour diriger les mouvemens de la troupe et maintenir l'ordre dans la ville : j'allai prendre les ordres du roi, et Sa Majesté me chargea de ce soin.

sans affût et deux autres sur la route de Clermont ; je m'emparai des unes et des autres, et en confiai la garde à quelques hussards.

Comme je m'étais assuré deux jours auparavant, en en faisant moi-même l'essai, qu'il y avait un gué près du pont, je ne crus pas devoir m'occuper de faire enlever quelques charrettes qu'on y avait placées pour obstruer le passage ; je m'empressai d'aller rendre compte au roi.

Admis dans l'appartement, je vis la reine, madame Élisabeth, madame Royale et madame la marquise de Tourzel, assises sur des bancs ; M. le Dauphin dormait tout habillé sur un lit en désordre ; le roi seul était debout. Sa Majesté vint à moi, et me dit : « Eh bien ! Goguelat, quand partons-nous ? — Sire, quand il plaira à Votre Majesté. » Telle fut ma réponse.

Au même instant, et avant que le roi eût pu me donner ses ordres, la municipalité et les officiers de la garde nationale furent introduits ; quelques-uns se jetèrent aux pieds du roi ; tous le conjurèrent de ne pas sortir du royaume. Sa Majesté leur assura qu'elle n'en avait pas l'intention, mais seulement d'aller à Montmédy ; et déclara qu'elle ne quitterait jamais la France, ajoutant à cette promesse quelques détails sur les motifs qui l'avaient déterminée à quitter la capitale, et leur proposant même de la suivre à Montmédy.

Cependant de nombreux émissaires parcouraient les campagnes voisines pour faire marcher les gardes nationales. Le mouvement, l'agitation, l'effervescence augmentaient de moment en moment, et le danger croissait dans la même proportion.

J'en instruisis la reine, et fis de vains efforts pour l'engager à déterminer le roi à partir sur-le-champ. Elle me répondit : « Je ne veux rien prendre sur » moi ; c'est le roi qui s'est décidé à cette démar- » che ; c'est à lui d'ordonner, et mon devoir est » de le suivre : d'ailleurs M. de Bouillé ne peut pas » tarder d'arriver. »

En effet tout portait à le croire : ce général ayant dû être averti par les deux officiers chargés du relais de Varennes, et partis de cette ville à onze heures et demie, et l'ayant été en outre par M. de Rodwell, que je lui avais dépêché entre minuit et une heure. Il était très-possible que M. de Bouillé arrivât à Varennes entre cinq et six heures du matin, n'étant éloigné que de sept lieues, puisqu'il se trouvait alors avec un détachement de royal-allemand à Mouzai, village situé entre Dun et Stenay. Ces conjectures se seraient, sans doute réalisées, si des motifs qui me sont inconnus, et dont d'ailleurs il ne m'appartiendrait pas de me rendre juge, n'eussent déterminé ce général à retourner à Stenay au lieu de se porter promptement et directement sur Varennes avec le détachement de royal-allemand, qu'il eût renforcé, en y joignant les hussards stationnés à Dun, qu'il eût trouvés sur sa route.

Il en fut tout autrement; M. de Bouillé ne vint point à Varennes; nous n'y vîmes arriver que le commandant des hussards qui venait de Dun. Cet officier (nommé M. Deslon) laissa sa troupe à un quart de lieue de Varennes, se présenta pour parler au roi, l'entretint un moment, retourna à son détachement, et ne reparut plus.

Tel fut le rôle que M. Deslon joua dans cette affaire; telle fut la part qu'il prit à des événemens d'une si grande importance dont, par une singularité bien étrange, il fut chargé par M. de Bouillé de publier la relation. D'après cela, on ne doit pas être surpris des nombreuses erreurs qui s'y sont glissées, ainsi que dans les Mémoires du général, puisqu'ils n'avaient ni l'un ni l'autre une connaissance suffisante des faits dont ils ont rendu compte au public (1).

Les officiers municipaux s'étaient retirés pour délibérer. Leur conduite, dans cette circonstance, offrit un mélange affreux d'audace et de perfidie.

Bientôt on vit arriver deux envoyés du général La Fayette (MM. Baillon et Romeuf) porteurs d'un décret de l'Assemblée nationale qui enjoignait aux autorités, aux gardes nationales et aux troupes d'arrêter le roi partout où on le rencontrerait.

M. Baillon présenta ce décret au roi lui-même.

---

(1) Voyez la note F.

Ce prince le rejeta avec indignation; la reine le releva, le lut et le posa sur le lit où dormait monseigneur le dauphin.

Les deux envoyés mirent tout en usage pour engager le roi à renoncer à son projet; lui peignirent Paris dans l'agitation et le désordre; la guerre civile prête à éclater dans la capitale; la sûreté, les propriétés et la vie des habitans compromises; enfin la France entière prête à devenir victime d'une détermination qui, selon eux, ne pouvait qu'exaspérer les esprits et produire les résultats les plus funestes.

Le roi céda, comme il faisait toujours lorsqu'on attaquait son cœur; ses ennemis le connaissaient trop bien (1)!

Je n'avais pas encore perdu toute espérance, comptant toujours sur l'arrivée prochaine de M. le marquis de Bouillé. Je descendis pour juger par moi-même des dispositions des hussards. Voyant qu'ils faisaient encore bonne contenance, je leur commandai de dissiper un attroupement qui s'était formé, ce qui fut exécuté à l'instant. Alors je montai à cheval pour parcourir la ville, afin d'être à même d'apprécier si de nouveaux obstacles ne pourraient pas s'opposer au départ du roi, dans le cas où Sa Majesté se déciderait à continuer sa route.

Drouet s'avance et me dit: *Je vois que vous vou-*

---

(1) Voyez la lettre G.

lez enlever le roi ; mais vous ne l'aurez que mort ! Mon premier mouvement fut de purger la terre de ce monstre; déjà j'avais porté la main sur l'un de mes pistolets ; mais je fus tout-à-coup arrêté par la crainte d'occasioner une émeute qui aurait pu compromettre la sûreté de la famille royale. Seulement je me promis d'avoir constamment l'œil sur ce scélérat.

Bientôt j'aperçus un rassemblement nombreux près de la voiture qui attendait le roi. Je m'en approchai avec quelques hussards pour le dissiper : alors un nommé Roland, major de la garde nationale de Varennes, vint à moi en disant : *Si vous faites encore un pas, je vous tue.* Pour toute réponse, je m'élançai sur lui le sabre à la main; mais au même instant, il me tira, à bout portant, un coup de pistolet qui m'atteignit à la poitrine ; un second coup de feu parti, je crois, d'une autre main, m'ayant blessé à la tête, me renversa de cheval.

On me transporta dans une maison voisine, dans un état qui ne me laissait aucun moyen de défendre plus long-temps la famille royale.

Ce fut seulement alors qu'assaillis de toutes parts, et se trouvant sans chef, les hussards se rendirent et se réunirent à la populace aux cris de *vive la nation!*

Après avoir vainement attendu les secours de M. de Bouillé, le roi se décida à retourner à Paris et partit de Varennes entre sept et huit heures, sous l'escorte d'un grand nombre de gardes nationales.

Ici se termine mon récit, parce qu'il ne doit pas s'étendre au-delà de la part que j'ai prise à ce malheureux événement, et que je veux éviter les erreurs dans lesquelles tombent habituellement les auteurs qui rendent compte de faits dont ils n'ont pas été témoins, et sur lesquels ils se sont contentés de réunir des renseignemens plus ou moins hasardés.

Mes blessures ne furent pas jugées dangereuses; elles étaient même peu graves, et surtout bien moins profondes que la douleur qui déchirait mon cœur. Successivement déposé dans les prisons de Rocroi et de Mézières, transféré dans celle d'Orléans, traduit devant la haute-cour qui siégeait dans cette ville, je n'attendais, ainsi que mes compagnons d'infortune, que le moment de monter à l'échafaud, lorsque, par une générosité sans exemple, le roi acheta notre délivrance au prix d'une concession bien pénible et obtint pour nous une amnistie, en sanctionnant la constitution de 1791.

Rendu à la liberté et à la vie, mais non point au bonheur, mon premier soin fut d'aller renouveler au roi et à la reine l'expression de ma fidélité. Leurs Majestés m'accueillirent avec cette ineffable bonté dont elles m'avaient donné tant de preuves, mais qui, tout en adoucissant mes maux, ne purent me consoler de leurs malheurs.

Il n'est pas probable sans doute que la reine m'eût traité de cette manière, si, malgré la connaissance qu'elle avait de l'ardeur et de la pureté de mon zèle, Sa Majesté m'eût attribué la fatale issue du voyage de Varennes, comme le prétend madame Campan qui ne craint pas de dire, contre toute espèce de vérité, même de vraisemblance, que la reine lui avait fait confidence de son mécontentement à cet égard, assertion suffisamment démentie par le caractère connu de cette princesse, et par sa conduite subséquente.

Lors même qu'un motif de délicatesse, bien digne de son noble cœur, eût engagé la reine à dissimuler avec moi dans cette circonstance, la même raison n'eût pu la déterminer à me conserver une confiance dont, depuis cette époque, elle a daigné me donner des marques réitérées, bien positives et bien touchantes.

J'invoque ici le témoignage de madame Campan elle-même, qui s'exprime ainsi (tome II, page 200 de ses Mémoires). « Le danger augmen-
» tait chaque jour : l'Assemblée se fortifiait aux
» yeux du peuple par les hostilités des armées
» étrangères, et de l'armée des princes. La com-
» munication avec ce dernier parti devenait plus
» active; la reine écrivait presque tout le jour :
» M. de Goguelat avait sa confiance pour toute sa
» correspondance avec l'étranger, et j'étais forcée
» de l'avoir chez moi; la reine le demandait très-

» souvent et à des heures qu'elle ne pouvait in-
» diquer. »

Après cet aveu, ceux qu'on remarque, pages 167 et 253 des mêmes Mémoires, et la mention que fait l'auteur de la mission dont je fus chargé pour Vienne, on trouvera bien extraordinaire l'étonnement que semblent avoir causé à madame Campan les témoignages de la plus grande bonté, dont elle dit elle-même que la reine m'honora après ma sortie des prisons d'Orléans. (Voyez Mém. de madame Campan, tome II, page 158.)

Quelle eût donc été la surprise, peut-être même le chagrin de madame Campan, si elle eût appris qu'héritière des vertus et des sentimens de cette grande reine, une princesse auguste, objet de tous nos vœux et de tous nos hommages, daignant me conserver la même bienveillance, m'a partout couvert de son égide, honoré de sa protection puissante et d'une estime que je place fort au-dessus de tous les honneurs et de tous les biens de la terre?

En lisant cette réponse on sera peut-être étonné de la divergence qui se trouve entre quelques-uns des faits que j'énonce et ceux qui sont consignés dans les différentes relations du voyage de Varennes dont le public a eu connaissance. L'étonnement cessera si l'on se rappelle que la plupart de ces relations ne sont point l'ouvrage de témoins oculaires; que des préventions, quelques motifs d'intérêt personnel ou de famille, enfin l'oubli des faits ont pu altérer les autres; mais en même temps on remarquera avec plaisir qu'en général toutes les personnes qui ont figuré dans cette malheureuse affaire ont réciproquement rendu justice à la pureté de leurs intentions respectives, et cela seul suffira pour les excuser toutes.

Je terminerai par une réflexion qui, pour n'être pas neuve, n'en est pas pour cela moins frappante; c'est que, si l'on considère cette immense chaîne d'événemens dont se compose la destinée des hommes et celle des États, chaîne dont un seul anneau détruit ou transposé, change la combinaison tout entière, on se voit forcé de remonter à la première de toutes les causes, ou plutôt à la seule réelle, puisque les autres n'en sont que les inévitables conséquences, je veux dire à cette Providence dont la main mystérieuse et puissante renverse ou relève à son gré les trônes et les empires.

PIECES JUSTIFICATIVES.

Note (A), *page* 5.

Pour compléter les documens qui servent à détruire les inculpations faites à M. de Goguelat, et mettre au plus grand jour sa conduite dans l'affaire de Varennes, il est nécessaire de rapprocher des Mémoires de M. de Bouillé l'extrait des pièces insérées dans l'ouvrage de M. Bertrand de Molleville, afin qu'on puisse comparer les différens récits que ce général a publiés sur le même fait, et qu'il avoue dans ses Mémoires (tome II, pages 72 et 73) où il dit en parlant de l'arrestation du roi :

« Les particularités de cet événement sont dé-
» taillées dans un procès-verbal que j'ai fait rédi-
» ger par les officiers des hussards qui étaient à
» Varennes lorsque le roi fut découvert. M. Ber-
» trand de Molleville, auquel je l'ai communiqué,
» a bien voulu donner une place à ce procès-ver-
» bal dans ses Mémoires secrets publiés depuis
» peu. Il est donc inutile de l'insérer ici. »

Voici ce qui est dit dans ce procès-verbal, relativement au relais du roi (Histoire de la Révolution française, par M. Bertrand de Molleville, tome V, page 306):

« Ce relais ne fut point placé. D'ailleurs, ainsi
» qu'il avait été convenu par la même cause, et
» lorsque les officiers chargés de le placer arrivè-
» rent à Varennes, la fermentation au sujet de ces
» équipages était trop grande pour qu'on osât faire
» un changement à leurs dispositions. »

Dans l'exposé de la conduite de M. le marquis de Bouillé, rédigé par lui-même, pour être remis au roi et inséré dans le même ouvrage, on lit (tome V, page 332):

« J'eus la précaution le soir du 21 d'envoyer deux
» officiers à Varennes, dont l'un était un de mes
» fils, pour veiller sur les relais du roi et m'avertir. »

Dans le même volume, se trouve un rapport de M. Boudet, officier des hussards, où on lit (page 316):

« Ce fut au milieu de ces préparatifs que Leurs
» Majestés arrivèrent par la ville haute. Elles s'ar-
» rêtèrent à la première maison de la ville, comp-
» tant y trouver le relais convenu : mais il n'avait pas
» été placé ainsi : il était encore à l'auberge de
» l'autre côté du pont : le second fils de M. de Bouillé
» et M. de Raigecourt, qui avaient été envoyés à Va-
» rennes par M. de Bouillé le 21 au matin pour y re-
» cevoir le roi, et préparer le relais et le détachement
» pour son arrivée, avaient attendu, pour faire les

» dispositions nécessaires, le courrier qui devait
» leur donner le signal ainsi qu'aux autres. Il leur
» était recommandé par leurs instructions d'at-
» tendre le courrier qui devait précéder le roi d'une
» heure et demie au moins.

» Ils auraient pu ne pas l'attendre, pour placer
» le relais plus convenablement. »

Il est à remarquer que les trois relations dont on a extrait les passages qu'on vient de lire ont été rédigées et publiées en 1791, et que ce n'est qu'en 1797 que M. le marquis de Bouillé a imprimé ses Mémoires sur la révolution française (à Londres chez Cadell et Davies dans le Strand, 1797). Dans cette édition, M. le marquis de Bouillé charge du relais du roi M. le duc de Choiseul, un officier qu'il ne nomme point, et M. de Goguelat, sans faire mention à cet égard des deux officiers qu'il avait envoyés le 21 au matin à Varennes.

On rapportera maintenant les passages qui prouvent que M. de Goguelat n'a pas fait aux hussards la question ridicule qu'on lui attribue : *Étes-vous pour le roi ou pour la nation ?* Il suffit de lire, pour s'en convaincre, le Rapport fait à l'Assemblée le 13 juillet 1791, au nom des sept comités chargés de rendre compte des événemens du 21 juin.

L'extrait de cette pièce se trouve dans l'Histoire de la révolution française par M. Bertrand de Molleville (tome V, page 339), où on lit : « Un déta-
» chement de hussards, commandé par un aide-de-

» camp de M. de Bouillé (1) arrive et se range en
» bataille devant cette maison, et l'aide-de-camp
» est introduit auprès du roi qui lui demande :
» Quand part-on ? L'officier lui répond qu'il n'at-
» tend que ses ordres.

» On met les hussards entre deux batteries. Leur
» commandant va charger la garde nationale, dont
» l'aide-major pare un coup de sabre et lâche un
» coup de pistolet qui casse l'épaule au comman-
» dant des hussards. Ceux-ci demandent à être
» commandés par un officier de la garde nationale,
» et l'air retentit des cris de *vive le roi ! vive la na-*
» *tion ! vive l'Assemblée nationale ! vive Lauzun !* »

Ceci se passa vers les cinq heures du matin, et prouve incontestablement que les hussards étaient encore fidèles dans ce moment.

Cependant M. le marquis de Bouillé dit dans ses Mémoires (tome II, page 79) :

« Environ une heure après l'arrestation du roi,
» M. de Goguelat et M. de Choiseul arrivèrent à Va-
» rennes et furent reconnus par les gardes na-
» tionales qui obligèrent leurs détachemens à des-
» cendre de cheval, avant de leur permettre d'en-
» trer dans la ville (page 80). M. de Goguelat sortit
» alors, et s'adressant aux hussards, il leur fit le
» commandement de haut les armes et leur demanda

---

(1) M. de Goguelat n'était point aide-de-camp de M. de Bouillé. Il servait dans l'état-major de l'armée.

» pour qui ils étaient? *Vive la nation!* s'écrièrent-ils
» tous : *Nous sommes et serons toujours pour elle.* »

On a trompé M. le marquis de Bouillé, en lui rapportant que le détachement avait été obligé de mettre pied à terre, avant que d'entrer dans la ville : s'il avait eu cette lâcheté, comment se serait-il trouvé en bataille devant la maison où était la famille royale, pour que M. de Goguelat fît aux hussards la ridicule question qu'on lui prête? Et si les hussards étaient corrompus une heure après l'arrestation du roi, qui eut lieu à *onze heure et demie*, comment étaient-ils fidèles à *cinq heures du matin?* Ceci se trouve confirmé par l'extrait du récit que fit Drouet à l'Assemblée dans la séance du 24 juin 1791 (Histoire de la Révolution française par M. Bertrand de Molleville, tome V, page 302):

« Aussitôt les gardes nationales accourent en foule,
» et l'on vit en même temps arriver les hussards,
» le sabre à la main; ils essayèrent d'approcher de
» la maison où était le roi; mais nous leur criâmes
» que si on voulait l'arracher de nos mains, on ne
» l'arracherait que mort . . . .
. . . .
» On somma les hussards de descendre de che-
» val; M. de Goguelat s'y refusa ; il dit qu'il voulait
» avec sa troupe garder le roi. On lui répondit
» que la garde nationale le garderait bien, qu'elle
» n'avait pas besoin de son secours. Il insista,
» etc., etc. »

Note (B), page 7.

La manière tranchante dont madame Campan juge les hommes et les choses démontre la vérité de cette assertion, et prouve en même temps que l'on ne saisit jamais bien, et que l'on rend encore plus mal ce que l'on n'entend ou ce que l'on ne voit qu'à la dérobée. Madame Campan oublie tout-à-fait sa véritable position. On croirait, à l'entendre, qu'elle ne quittait jamais Leurs Majestés; qu'elle passait sa vie dans leurs appartemens, dans la plus grande familiarité. On sait cependant que le service de première femme-de-chambre se partageait entre quatre personnes qui en remplissaient les fonctions alternativement, et se renouvelaient chaque mois. Ces dames étaient mesdames Thibaut, de Misery, de Jarjaye et Campan.

Lors du voyage de Varennes, ce fut madame Thibaut qui fut choisie pour suivre la reine. Si Madame Campan avait été aussi avant dans la confiance de Sa Majesté qu'elle cherche à le faire croire, elle aurait probablement obtenu la préférence; mais madame Thibaut, femme extrêmement respectable, la méritait à tous égards. Étrangère à toute espèce d'intrigue, elle ne s'occupait que de son service; attachée à la reine depuis l'entrée de Sa Majesté en France, elle n'avait cessé de lui donner des marques du dévouement le plus sincère.

Cette princesse l'en récompensait en lui accordant une grande confiance. Mesdames de Misery et de Jarjaye la partageaient à juste titre: on sait tout ce qu'a fait cette dernière pour prouver son respectueux attachement à la reine (1).

Rien n'est à la fois plus invraisemblable et plus ridicule que ce que rapporte madame Campan de la familiarité avec laquelle la traitaient le roi et la reine. On ne persuadera jamais aux personnes qui ont eu l'honneur d'approcher Leurs Majestés de près, et qui savent jusqu'à quel point elles alliaient la dignité à la bonté, que ses récits soient exacts. Cette réflexion s'applique surtout au passage où madame Campan s'exprime ainsi: *Qu'étant venue*

---

(1) Les preuves sans nombre de dévouement et de fidélité que donnèrent à la reine mesdames Thibaut, de Misery et de Jarjaye exigeraient de moi des détails particuliers. Je voudrais pouvoir dire ici par quels services importans ces trois dames avaient mérité la confiance entière de leur auguste maîtresse. Resserré dans les limites d'une simple relation, je devais seulement ce témoignage à leur zèle; mais lié d'une étroite amitié avec monsieur de Jarjaye, c'est une douce satisfaction pour moi de pouvoir consigner dans un récit fidèle les preuves de tout ce que son dévouement lui fit entreprendre pour arracher la reine à l'odieuse captivité du Temple. Cette relation rapide qui fait suite à ce Mémoire reçoit un grand prix des billets écrits par S. M. à M. de Jarjaye, et qu'il a conservés au péril de ses jours. Madame de Jarjaye, dans ces sentimens de respect et d'attachement qu'elle a voués à notre infortunée reine, n'a pas cru pouvoir lui rendre un plus bel hommage que de me permettre de faire graver les *fac-simile* des billets qui attestent l'héroïsme de sa tendresse maternelle.

aux Feuillans où se trouvait la famille royale, le roi l'embrassa et lui donna une mèche de ses cheveux.

Note (C), page 9.

Madame Campan dit en parlant de moi dans ses Mémoires : *J'étais forcée de l'avoir chez moi.* (Mémoires de madame Campan, tom. II, pag. 200.) Madame Campan, aux Tuileries, se croyait-elle chez elle, lorsque, mandé par la reine, j'attendais ses ordres dans son appartement. Cette expression ne me paraît pas celle d'une femme de bonne compagnie ; elle est d'autant plus déplacée, que je n'ai jamais fréquenté la société de madame Campan. On devinera de reste qu'elle ne pouvait être ni selon mes goûts ni selon mes opinions. Elle recevait habituellement des membres du côté gauche de l'Assemblée, et un homme encore plus coupable que je ne nommerai point. Les personnes qui connaissaient madame Campan à cette époque m'entendront et me sauront gré de ma réserve.

Note (D), page 11.

La conduite que j'ai tenue dans toutes les occasions où la famille royale a couru des dangers, au 20 juin, au 10 août, jour où Sa Majesté se rendit à l'Assemblée avec un très-petit nombre de serviteurs fidèles dont je faisais partie, resté près d'elle dans la loge du *Logographe*, et pendant les trois jours qu'elle demeura aux Feuillans ; cette autre circonstance assez connue, où cédant aux sentimens de mon dévouement au roi, et d'une trop juste indignation envers l'un de ses plus cruels ennemis, qui semblait ne se présenter devant lui que pour le braver, je ne gardai de ménagemens que ceux que m'imposait le respect dû aux lieux qu'habitait mon souverain; le voyage de Varennes, où je faillis perdre la vie, et qui se termina pour moi par une longue détention et un procès criminel devant la haute-cour d'Orléans; le sacrifice volontaire de mon repos, de mon état et de ma fortune; ma vie mille fois exposée pour la défense de la plus noble et la plus malheureuse des causes; une expatriation qui a duré vingt années : tout cela m'avait paru, sinon digne d'éloges, au moins fait pour me mettre à l'abri de la critique.

Quelle dût donc être ma surprise, pour ne rien dire de plus, lorsque je remarquai que, dans toutes les relations du voyage de Varennes, on s'était, en quelque sorte, donné le mot pour m'imputer les fautes auxquelles on en attribuait la fatale issue!

Néanmoins, de tous les auteurs dont j'ai à me plaindre, un seul me semble avoir agi dans une intention hostile : je parle de madame Campan. J'ai déjà signalé la haine et la jalousie dont elle m'honorait depuis long-temps. Je n'accuse la plupart des autres que de légèreté et d'une connaissance imparfaite des faits; quelques-uns même n'ont fait que répéter ce qu'ils avaient lu précédemment.

Quant aux Mémoires de M. le marquis de Bouillé père, je crois avoir démontré jusqu'à l'évidence combien les reproches qu'il m'adresse sont mal fondés, de même que ceux de madame Campan.

En effet j'ai prouvé 1° que le retard que le roi éprouva dans son voyage ne pouvait raisonnablement m'être imputé, puisque je n'avais pas l'honneur d'accompagner Sa Majesté; et que je lui avais fourni d'avance les données suffisantes pour en calculer approximativement et comparativement la durée;

2°. Qu'il en est de même de la retraite du Pont-de-Sommevelle, où *je ne commandais pas;* retraite dont M. le duc de Choiseul *qui y commandait,* prend sur lui-même toute la responsabilité, et qu'il motive sur des raisons très-plausibles;

3°. Qu'il est également faux que j'aie adressé à Varennes, au moment de l'arrivée du roi, soit aux hussards, soit aux dragons, des questions extravagantes et bien plus propres à ébranler qu'à affermir leur fidélité; puisque, d'une part, je n'étais pas à Varennes dans ce moment; que de l'autre, il n'y avait pas là un seul dragon, et que les hussards tinrent ferme jusqu'à l'instant où je fus blessé;

4°. Qu'il ne dépendait ni de moi ni d'aucune des personnes qui accompagnaient Sa Majesté, d'empêcher son retour à Paris, non plus que de la déterminer à continuer sa route vers Montmédy;

5°. Qu'il est absurde de prétendre que tout n'a manqué à Varennes, que parce que j'avais négligé de me rendre près des officiers chargés de ce poste, puisqu'il résulte des Mémoires même de M. le marquis de Bouillé père, que ces officiers avaient reçu directement et d'avance les ordres et les instructions qui leur étaient nécessaires, et, sans doute, il était impossible que cela fût différemment : d'ailleurs, on devait naturellement croire qu'ils ne négligeraient aucune des précautions indispensables, pour n'être pas pris au dépourvu. Instruits d'avance du jour du passage du roi, c'était par des courriers qui accompagnaient Sa Majesté qu'ils devaient être avertis du moment de son arrivée. Enfin, une dernière circonstance qui suffirait seule et pour me disculper, c'est que quand même j'eusse été chargé d'aller prévenir ces officiers de la prochaine arrivée du roi, il m'eût été impossible de m'acquitter de cette commission, attendu que mon premier passage à Sainte-Menehould, avec mon détachement que je conduisais à Pont-de-Sommevelle, ayant occasioné un mouvement populaire, et ayant excité la méfiance de la municipalité, je n'aurais pu reparaître dans cette ville, sans éveiller l'attention des malveillans, et causer du trouble qui aurait pu rendre le passage du roi incertain. Ainsi forcé de me rendre à Varennes par des chemins de traverse et très-difficiles, je n'y arrivai qu'une heure après la famille royale.

Plein de respect et d'estime pour M. le marquis de Bouillé, j'ai senti vivement, et plus vivement, par cela même, son injustice à mon égard. Après l'avoir démontrée d'une manière, j'ose dire incontestable, c'est un besoin pour moi que de chercher à l'atténuer, en rappelant les causes qui ont pu la lui faire commettre. Ce général n'était pas sur les lieux. Il a pu, il a dû même être induit en erreur par le rapport des officiers qu'il avait chargés de lui rendre compte des faits dont eux-mêmes n'avaient pas été témoins. Enfin, l'intérêt si naturel qu'il portait à l'officier compromis dans différentes relations, lui a fait adopter la première version qui tendait à le disculper.

Déterminé par les mêmes motifs, le fils de ce général vient à son tour de publier un Mémoire dans lequel, et l'on devait s'y attendre, il suit les mêmes erremens que son père. Mais à travers l'embarras inséparable de la difficulté du sujet, difficulté aggravée par un concours de circonstances fâcheuses, on remarque que, tout en défendant une cause que la nature rendait sacrée pour lui, son cœur, dont la droiture ne s'est jamais démentie, n'a point été sourd au cri de la justice et de la vérité.

Le plus juste sentiment des convenances et une délicatesse parfaite ont adouci dans cet ouvrage, à mon égard, tout ce qui pouvait affliger un homme d'honneur que l'auteur combattait à regret. C'est ainsi que, parvenu à l'âge de la maturité et de l'expérience, M. le marquis de Bouillé, se montrant digne de sa race et de ses illustres alliances, a justifié l'estime que m'avait dès long-temps inspirée pour lui cette droiture de cœur et d'esprit que j'admirais en lui dans sa première jeunesse.

Cette observation, bien propre sans doute à fortifier ce sentiment, augmente, dans la même proportion, le chagrin que j'éprouve de ne pouvoir être avec lui d'accord sur tous les faits, comme nous le sommes, incontestablement, sous le rapport des principes et des intentions.

Note (E), *page* 20.

Réponse de M. Bertrand de Molleville à la lettre que je lui adressai le 10 octobre 1803, datée de Vienne en Autriche.

« Je n'ai reçu qu'hier, Monsieur, la lettre que
» vous m'avez fait l'honneur de m'écrire, en
» date du 10 octobre dernier; elle m'a fait grand
» plaisir, en m'apprenant que non-seulement vous
» existiez encore, mais que vous étiez attaché au
» service de l'empereur aussi honorablement que
» vous l'avez mérité par les preuves signalées de
» dévouement que vous avez constamment don-
» nées à notre malheureuse famille royale. Je se-
» rais très-fâché que vous fussiez fondé à vous
» plaindre du compte que j'ai rendu du fatal voyage
» de Varennes dans mon Histoire de la Révolu-

» tion. Je n'ai eu d'autres renseignemens à cet
» égard que ceux qui m'ont été fournis par M. le
» marquis de Bouillé dont le témoignage était
» appuyé par trois procès-verbaux qu'avaient ré-
» digés les principaux officiers qu'il avait em-
» ployés dans cette expédition, et qu'il me com-
» muniqua en original. Je les ai rapportés dans le
» volume V, page 303, jusque et compris la page
» 317, n° 4, des pièces justificatives : mais vous
» avez dû remarquer, Monsieur, que je m'en
» suis bien peu servi dans le récit que j'ai fait du
» voyage de Varennes, chap. 45 ; je me suis même
» abstenu de vous nommer, parce que les réclama-
» tions du duc de Choiseul, que j'ai annoncées, par
» une note, au bas de la page 83, tome V, m'ayant
» fait pressentir que vous pourriez en avoir de
» pareilles à faire, j'ai voulu que les siennes,
» comme les vôtres, me fussent toujours étran-
» gères, et n'attaquassent que les procès-verbaux
» de M. de Bouillé.

» Si cependant vous désirez, Monsieur, que vos
» réclamations soient insérées dans la première
» édition de mon Histoire de la Révolution de
» France, vous me trouverez très-disposé à vous
» donner cette preuve de ma déférence, et de
» la considération particulière avec laquelle j'ai
» l'honneur d'être, etc., etc., etc.

» De Bertrand. »

Londres, le 19 décembre 1803 ;
n° 38, Bruder Saint - Golden square.

Note (E bis), page 23.

M. de Valory, dans son Précis historique (page 257), rapporte que le roi lui fit part des dispositions écrites du voyage, en ces termes :

« *J'irai demain 21 coucher à l'abbaye d'Orval*,
» M. le marquis de Bouillé m'attend avec un corps
» d'armée en avant de Montmédy. De forts déta-
» chemens de hussards et de dragons sont portés
» à Pont-de-Sommevelle, à Sainte-Menehould,
» Clermont, Varennes, Dun. Vous courrez de-
» vant ma voiture, vous demanderez à Pont-de-
» Sommevelle après M. le duc de Choiseul, c'est
» lui qui commande *l'escadron des hussards de*
» *Lauzun* qui y est placé. Il vous faudra parler à
» un aide-de-camp de M. le marquis de Bouillé,
» auquel vous direz de ma part d'exécuter de suite
» les ordres qu'il a reçus. Ces ordres sont d'aller
» prévenir les commandans des détachemens sta-
» tionnés à Sainte-Menehould, Clermont, Varennes,
» Dun, *qu'ils ayent à prendre leurs mesures* (1) *pour*
» *que chacun d'eux se trouve au poste qui lui est assi-*
» *gné.* Ils doivent, après notre passage, barrer le
» chemin à tous voyageurs à cheval ou en voiture.
» Le même aide-de-camp doit aussi aller avertir le
» fils de M. le marquis de Bouillé de l'heure à la-
» quelle il faudra qu'il aille m'attendre.

---

(1) Tous les détachemens étaient à leur place; tous les chefs avaient leurs instructions et leurs ordres.

» Avant d'arriver à Varennes (qui n'est plus sur
» la route de poste), au-dessus de la côte qui
» domine cette ville, et par laquelle on y descend,
» *vous entrerez de quelques pas dans le bois à votre*
» *gauche, si déjà vous n'êtes aperçu par le fils de*
» *M. de Bouillé ou par un autre officier (M. de*
» *Raigecourt qui lui est adjoint), lesquels se trou-*
» *veront à la lisière du bois, avec des relais de che-*
» *vaux qu'ils doivent conduire eux-mêmes.* Ils nous
» feront passer à Varennes, et nous mèneront à
» Dun. Vous verrez les commandans d'escadrons
» qui m'attendront sur la route. En avant de Sainte-
» Menehould, ce sera M. le marquis Dandoins à
» la tête d'un détachement du régiment de dra-
» gons de Monsieur; en avant de Clermont, M. le
» comte Charles de Damas à la tête du deuxième
» escadron du même régiment; en avant de Va-
» rennes, M. Deslon, capitaine au régiment des
» hussards de Lauzun, aussi à la tête de son esca-
» dron; en avant de Dun, M. de Rohrig avec un
» détachement des mêmes hussards. *Tâchez que*
» *nous n'éprouvions en chemin aucun retard aux*
» *postes, et ayez toujours beaucoup d'avance.* »

Comment le roi a-t-il pu dire à M. de Valory:
J'irai demain 21 coucher à l'abbaye d'Orval? Cette
abbaye est sur le territoire autrichien, province du
Luxembourg; et tout le monde sait que Sa Majesté
ne voulait pas sortir de France. La déclaration
qu'elle avait laissée en quittant Paris en fait foi.

M. de Bouillé dit d'ailleurs dans ses Mémoires (tome II, page 62): « Je destinai un château situé
» derrière le camp pour le lieu de sa résidence et
» de celle de la famille royale, persuadé que Sa
» Majesté serait plus en sûreté au milieu de son
» armée qu'enfermée dans une ville. » Ce château tient au village de Thonelle, et appartient à M. l'abbé de Courville.

Une autre erreur fait pressentir que le défaut de mémoire de M. de Valory peut lui en avoir fait commettre d'autres dans le cours de son Précis historique : par exemple, il dit (p. 293): « Les deux aides-
» de-camp de M. de La Fayette arrivèrent à Va-
» rennes à dix heures. » Cependant ces deux aides-de-camp (MM. de Romœuf et Baillon) arrivèrent entre cinq et six heures du matin : ce furent eux qui déterminèrent le roi à retourner à Paris, et le roi partit entre sept et huit heures.

M. de Valory s'est aussi trompé dans la désignation des détachemens placés sur la route que le roi devait suivre, ainsi que sur le nombre d'hommes qui les composaient ; ce qui m'engage à en donner un détail exact.

A Pont-de-Sommevelle.

Quarante hussards de Lauzun, un sous-lieutenant (M. Boudet), commandés par M. le duc de Choiseul.

A Sainte-Menehould,

Quarante dragons du régiment royal, commandés par M. le capitaine Dandoins.

A Clermont,

Cent dragons du régiment de Monsieur et quarante du régiment royal, commandés par M. le comte Charles de Damas.

A Varennes,

Soixante hussards de Lauzun, commandés par M. de Rodwell, sous-lieutenant, M. le chevalier de Bouillé et M. de Raigecourt.

A Dun,

Cent hussards du régiment de Lauzun, commandés par M. Delson, chef d'escadron.

A Mouzai,

Cinquante cavaliers de royal-allemand, commandés par M. Guntzer, chef d'escadron.

A Stenay,

Le régiment de royal-allemand, commandé par son colonel (M. le baron de Mandell).

Je ne suivrai pas plus loin M. de Valory dans son Précis historique. J'observerai seulement que les éditeurs des Mémoires de madame Campan ont eux-mêmes remarqué que M. de Valory n'est pas d'accord avec M. Dumoustier, qui a aussi publié une Relation du voyage de Varennes, sur les faits dont l'un et l'autre ont rendu compte, quoiqu'ils servissent tous les deux de courriers à Sa Majesté. Une autre relation du même événement, dont M. de Fontanges est l'auteur, a été publiée dans les Mémoires de M. Weber (tome II, pages 80 et suiv.). Quoique moins fautive que les autres, elle n'est pas cependant exempte de quelques erreurs, qu'on sera peu disposé à excuser, si l'on considère qu'elles sont de nature à compromettre la réputation d'un homme d'honneur.

A la page 103 des Mémoires de M. Weber, M. de Fontanges rapporte que M. de Bouillé m'avait donné *l'ordre secret de me déguiser pour avertir les autres détachemens en cas d'arrivée du roi.* Ce fait est essentiellement controuvé : aussi M. de Bouillé n'en fait-il mention ni dans ses Mémoires, édition de Londres, année 1797, ni dans l'*Exposé de sa conduite, rédigé par lui-même pour être remis au roi.* J'ignore à quelle source a puisé M. l'archevêque, lorsqu'il a avancé que j'avais reçu cet ordre singulier. De quelle utilité eût été ce déguisement, et quelle nécessité d'ailleurs y avait-il d'aller avertir des détachemens dont les commandans avaient, depuis plusieurs jours, leurs ordres et leurs instructions ?

A la page 108 des mêmes Mémoires, on lit : « J'ai
» dit plus haut que le roi devait trouver à Varennes

» un relais et une escorte de soixante hussards;
» le relais était arrivé le 21; il appartenait à
» M. de Choiseul, et devait être placé par M. de
» Goguelat. Les hussards n'y étaient arrivés que
» dans la soirée du 20, sous prétexte d'un convoi
» qu'ils devaient escorter. »

M. de Fontanges a été trompé sur les faits comme sur les dates (1). Le relais du roi était arrivé à Varennes le 19; il fut placé dans une des auberges de la ville dont le choix était fort indifférent. Il devait y avoir des officiers pour le surveiller. Ces officiers n'étaient pas encore arrivés le 20 au matin, lorsque je partis pour conduire le détachement de Pont-de-Sommevelle. Je n'ai jamais été chargé du soin de ce relais; et je ne pouvais pas l'être, ma mission m'éloignant de quinze lieues de Varennes.

Il n'arriva point de hussards dans cette ville *dans la soirée du* 20; c'était la garnison de ceux qui s'y trouvaient.

Je demande pardon à M. l'archevêque de relever des erreurs qui lui paraîtront peu importantes; mais comme elles tendent à me compro-

---

(1) Le relais du roi était à Varennes lorsque j'y arrivai le 19. Je fus même obligé d'intervenir pour faire cesser une querelle qui s'était élevée entre les gens de M. le duc de Choiseul qui conduisaient ses propres chevaux et ceux qui conduisaient le relais du roi. (Voyez le Mémoire de M. le comte Charles de Damas, p. 211, inséré dans la Collection des Mémoires relatifs à la révolution française, publiée par MM. Berville et Barrière.)

mettre, je dois les signaler au public pour le mettre en mesure de prononcer entre l'accusateur et l'accusé.

Je ne crois pas devoir répondre aux autres articles de la même relation dont je puis avoir à me plaindre, parce qu'ils ont été copiés en partie sur les Mémoires de M. de Bouillé; qu'en conséquence ils se trouvent réfutés par une réponse à ce général.

Note (F), *page* 30.

Un des rédacteurs dont parle M. le marquis de Bouillé est probablement M. Boudet, sous-lieutenant des hussards de Lauzun qui commandait le détachement de Pont-de-Sommevelle. Cet officier n'arriva à Varennes avec sa troupe sous les ordres de M. le duc de Choiseul, qu'à minuit un quart, rentra dans son quartier, et ne se montra plus le reste de la nuit. Voilà ce qu'on ne peut me contester. Cette circonstance ne l'empêcha pas de faire un long et absurde récit de tout ce qui se passa depuis Paris jusqu'à Varennes, et voilà comme on écrit l'histoire. Cette étrange et infidèle relation est consignée dans l'Histoire de la Révolution française par M. Bertrand de Molleville, ministre d'État (tome V, page 307).

Je demanderai à M. Boudet où il a puisé les faits détaillés dans sa relation? Quelle connaissance il pouvait avoir du départ du roi de Paris? De l'accident arrivé à sa voiture avant de passer à Châlons?

De l'instruction donnée par Sa Majesté à M. de Valory ? Des ordres adressés par M. le marquis de Bouillé à tous les détachemens placés sur la route que devait parcourir Sa Majesté ? Des obstacles que rencontrèrent ces détachemens dans l'exécution de leurs ordres; enfin des causes de l'arrestation de la famille royale, etc., lui qui n'a connu le véritable motif de sa présence à Pont-de-Sommevelle que le 21 juin à midi, quelques heures avant l'arrivée présumée du roi ?

Je demanderai encore à cet officier pourquoi, à son arrivée à Varennes, il ne s'est pas mis à la tête des hussards qu'il venait de ramener de Pont-de-Sommevelle, et de ceux qui étaient stationnés dans la ville pour protéger le départ du roi ? Pourquoi il a laissé ce commandement à un maréchal-des-logis dont il connaissait les mauvaises dispositions ? Pourquoi il s'est renfermé dans sa caserne avec soixante hussards qu'il a tenus dans l'inaction ? Pourquoi il n'est pas venu de sa personne prendre les ordres du roi ?

Quand on a à répondre à de telles questions, on doit regretter de les avoir provoquées, comme je regrette moi-même d'être dans la nécessité de les faire.

Passons à une seconde version, d'après laquelle M. le marquis de Bouillé a écrit ses Mémoires : elle est de M. Deslon, capitaine au même régiment que M. Boudet, et tout aussi mal instruit que lui des faits qu'il rapporte.

Je vis cet officier à Varennes où il était en garnison le 19 juin. J'avais l'ordre de M. le marquis de Bouillé, qui n'en avait pas une bonne opinion, de chercher à connaître ses sentimens : après une longue conversation et la visite du quartier des hussards dont la tenue ne me parut pas satisfaisante, et où je fus surtout frappé de la multitude d'inscriptions tout-à-fait déplacées, dont les murs des chambres des hussards étaient surchargés; je crus devoir envoyer cet officier au général, avec mes observations, afin qu'il jugeât par lui-même du degré de confiance qu'il pouvait lui accorder. Le général le plaça à Dun. C'est de cette petite ville que M. Deslon partit pour venir à Varennes dans la nuit où le roi y fut arrêté. Il y arriva, comme je l'ai déjà dit ailleurs, à cinq heures du matin et à pied. Je ne comprends pas pourquoi il n'entra pas dans la ville avec son détachement; il en donne pour motif les barricades qui défendaient l'entrée du pont : mais M. Deslon serait inexcusable d'avoir ignoré que quelques pas au-dessus du pont, il y avait un gué praticable pour toutes sortes de voitures. Chaque jour les chevaux de son escadron devaient aller à l'abreuvoir le plus commode, et les hussards en avaient certainement fait la recherche, ou avaient pris à cet égard des informations auprès des gens de la ville, qui leur auraient indiqué le gué près du pont.

Extrait du rapport de M. Deslon, inséré dans l'Histoire de la Révolution française, par M. Bertrand de Molleville, ministre d'État (tom. V, pag. 314)

« Cependant M. Deslon, commandant du déta-
» chement de Dun, qui connaissait l'objet de sa
» mission depuis quelques heures et qui occupait
» avec ses hussards toutes les rues et issues de cette
» ville, apprit au passage de M. Rodwell, com-
» mandant des hussards de Varennes, l'affreuse si-
» tuation où se trouvait la famille royale. Il mar-
» cha aussitôt sur Varennes avec sa troupe sans
» attendre les ordres du général, et laissa à Dun
» vingt-quatre hommes et un officier pour assurer
» le passage dans cette ville.

» Le détachement de M. Deslon fit *en une heure*
» *et demie les cinq lieues qu'il y a de Dun à Va-*
» *rennes*, et arriva devant cette dernière ville à
» cinq heures du matin. Son projet était d'attaquer
» sur-le-champ et de parvenir de vive force jus-
» qu'au roi; mais à vingt pas de la ville il aperçut
» des barricades qui le forcèrent à renoncer à son
» projet. Le poste avancé de la garde nationale
» voulut mener M. Deslon à la municipalité, pour
» y rendre compte des motifs qui l'amenaient à
» Varennes. Il s'y refusa formellement, et de-
» manda à entrer avec son détachement pour re-
» joindre celui qui était dans la ville. On lui
» répondit que le roi le lui défendait. Assuré par

» cette réponse que le roi était à Varennes,
» M. Deslon demanda qu'on lui permît d'aller lui
» rendre ses hommages. Cette permission lui fut
» accordée par le sieur Seignemont, commandant
» de la garde nationale, et chevalier de Saint-
» Louis. Cet homme promit toute sûreté à M. Des-
» lon, et lui donna même sa parole d'honneur
» qu'il pourrait parler au roi sans témoins. M. Des-
» lon exigea pour sûreté de ses promesses un
» otage qu'il remit entre les mains de ses hus-
» sards. Son but était de prévenir le roi du secours
» qui allait lui arriver, et de voir de plus près s'il
» était possible d'enlever les barricades le sabre à
» la main (1). Il les trouva trop multipliées, par-
» ticulièrement sur le pont, et désespéra du succès
» de toute tentative, à moins qu'il ne fût secondé
» par les cent hussards qui étaient dans l'intérieur
» de la ville, aux ordres de M. Boudet. Arrivé
» près de la maison où était le roi, M. Deslon y
» trouva trente hussards à cheval, commandés
» par un garde national (2); et cette certitude de
» la défection de cette troupe lui ôta tout espoir
» de pénétrer dans la ville avec la sienne. Après

---

(1) Il n'était pas nécessaire d'enlever les barricades le sabre à la main, puisqu'il y avait un gué praticable pour toutes sortes de voitures au-dessus et très-près du pont.
(2) Quand M. Deslon arriva, je commandais encore les hussards. Il se trompe en disant qu'ils étaient commandés par un garde national.

» avoir attendu une demi-heure, il entra chez le
» roi. Le sieur Seignemont, oubliant sa parole
» d'honneur, y entra avec lui. M. Deslon lui ayant
» fait, en présence de Sa Majesté, les reproches
» qu'il méritait à ce sujet, il crut s'excuser en ou-
» vrant la porte et en disant : La nation ne veut
» pas que vous parliez seul au roi. Cependant il
» permit à M. Deslon de s'écarter un moment pour
» parler à Sa Majesté : *cet officier en profita pour*
» *faire connaître au roi sa position, l'obstacle in-*
» *surmontable que les barricades opposaient à son*
» *zèle ;* il lui annonça aussi l'arrivée prochaine
» de M. de Bouillé à la tête de royal-allemand.

» *Le roi était dans un tel état d'abattement* (1),
» *que M. Deslon craignit que Sa Majesté ne l'eût*
» *pas entendu, quoiqu'il eût répété trois fois la*
» *même chose.* Enfin il lui demanda ce qu'il de-
» vait dire à M. de Bouillé. Le roi lui répondit :
» Vous pouvez lui dire que je suis prisonnier, que
» je crains bien qu'il ne puisse rien faire pour moi;
» mais que je lui demande de faire ce qu'il pourra.
» M. Deslon parla aussi à la reine; et comme elle
» était très-près du commandant de la garde natio-

---

(1) Le roi pendant toute la nuit ne fut jamais dans un état tel que le décrit M. Deslon, qui ne le vit que quelques minutes. Sa Majesté conserva toute sa dignité, et souvent fit rentrer dans leur devoir avec beaucoup de fermeté quelques individus qui s'en écar- tèrent. MM. de Damas et de Choiseul peuvent attester que M. Des- lon s'est grossièrement trompé.

» nale, il lui adressa la parole en allemand, et
» lui répéta les mêmes choses qu'il avait dites au
» roi. Cette malheureuse princesse se plaignit
» amèrement de ses persécuteurs, et surtout de
» ce qu'ils ne voulaient même pas lui permettre
» d'aller se reposer à Verdun. Le roi étant venu
» dire à M. Deslon de ne pas s'entretenir plus
» long-temps avec la reine, celui-ci prit congé de
» Leurs Majestés, en leur demandant leurs ordres
» à voix haute. Le roi répondit: Je suis prisonnier;
» je n'ai plus d'ordres à donner.

» M. Deslon fut alors rejoindre sa troupe. Ar-
» rivé à son détachement, *il envoya* (1) *un briga-*
» *dier porter à M. Boudet, qui commandait les*
» *hussards dans Varennes*, l'ordre d'attaquer
» en dedans tandis qu'il attaquerait au dehors.
» Après une longue recherche, ce brigadier re-
» vint sans avoir pu joindre M. Boudet qui était
» bloqué aux Cordeliers avec son détachement.
» M. Deslon ne pouvant rien entreprendre, privé
» de ce secours, fut obligé d'attendre dans l'inac-
» tion l'arrivée du régiment de royal-allemand. Mais
» il apprit bientôt que le roi et la famille royale
» avaient été forcés de remonter en voiture, et
» qu'on les entraînait à Paris. Il fut rejoint alors
» par le chevalier de Bouillé, et ils tentèrent en-

---

(1) M. Deslon aurait pu faire sa commission lui-même, lorsqu'il était dans la ville, au lieu d'en sortir pour la donner à un brigadier.

» semble de passer la rivière, pour fondre sur la
» garde nationale qui escortait le roi, et le déli-
» vrer. Ils passèrent *un premier bras* (1) ; *mais un
» canal impossible à franchir leur opposa un obs-
» tacle insurmontable, et leur ôta tout espoir.* Ne
» voyant plus aucun moyen d'être utile au roi, ils
» prirent le parti d'aller rejoindre M. de Bouillé.
» Ils le trouvèrent à une demi-lieue, à la tête du
» régiment de royal-allemand : il était alors neuf
» heures et un quart du matin. Il fut consterné
» de cette affreuse nouvelle. Il voulut encore pour-
» suivre sa route et tenter un dernier effort; *mais
» aucun de ses officiers et soldats ne connaissait de
» gué sur la rivière qui le séparait du roi.* Les
» chevaux étaient harassés de la longue course
» qu'ils venaient de faire aussi rapidement, Stenai
» étant à cinq grandes lieues de Varennes ; d'ail-
» leurs le roi étant parti depuis près d'une heure,
» toute poursuite devenait inutile et impossible.
» Il fallut donc renoncer à l'espoir de délivrer
» cette malheureuse famille, et M. de Bouillé,
» accablé de douleur, reprit avec sa troupe la
» route de Stenai. »

Note (G), *page* 31.

Cette circonstance fit éclater la bonté du cœur du roi, qui, faisant toujours abnégation de lui-

---

(1) La rivière n'a qu'un bras ; et, comme je l'ai déjà dit, il y avait un gué très-commode au-dessus et près du pont.

même, ne fut jamais occupé que d'éviter des malheurs à son peuple et à ses amis. Par une fatalité bien funeste, cet excès de générosité a constamment tourné contre ce malheureux prince, et n'a pu même le préserver des reproches les moins mérités. En voici une nouvelle preuve.

Dans la séance de la nuit qui précéda la translation de la famille royale au Temple, l'Assemblée décréta que toutes les personnes qui étaient près du roi paraîtraient à la barre pour déclarer quelle était leur charge ou emploi près de Sa Majesté (1). Aucune d'elles n'obéit à cette injonction, excepté M. de Rohan-Chabot, qui paya de sa tête l'imprudence qu'il eut de s'y rendre. Le roi, averti par un des commissaires de la salle (M. Calon) qu'on allait arrêter les personnes du nombre desquelles j'étais, nous ordonna, les larmes aux yeux, de nous retirer, nous remercia de nos soins, nous embrassa, nous fit embrasser ses enfans, et dit au commissaire : « Je » suis plus malheureux que Charles Ier. Il conserva » ses amis jusqu'à la mort, et on me prive des » miens! » Nous nous retirâmes, le cœur déchiré de cette séparation. Obéissant à regret, nous sortîmes par un escalier dérobé, et aucun de nous ne fut

---

(1) Dans la liste qu'elle a donnée des personnes qui avaient accompagné la famille royale aux Feuillans, madame Campan, qui a oublié d'indiquer MM. de Choiseul, de Tourzel et Rohan-Chabot, a désigné d'autres personnes qui n'étaient pas présentes: (Voyez les Mémoires, tome II, page 253.)

arrêté. (Voyez les Mémoires de M. Bertrand de Molleville, tome IX, pages 53 et suivantes.)

Que de sentimens, que de grandeur d'ame dans cette réponse du plus infortuné des princes! Il prévoit toute l'horreur de sa destinée, et moins frappé de la crainte de sa mort que de la douleur de se voir privé de ses amis, il envie le sort de Charles Ier.

Cette anecdote seule suffirait pour répondre aux calomnies de tous ceux qui ont affecté de douter de son courage et de sa sensibilité : madame Campan elle-même est loin d'être à l'abri de ce reproche.

PRÉCIS
DES TENTATIVES
QUI ONT ÉTÉ FAITES

POUR ARRACHER LA REINE A LA CAPTIVITÉ DU TEMPLE.

PRÉCIS

DES TENTATIVES QUI ONT ÉTÉ FAITES POUR ARRACHER LA REINE A LA CAPTIVITÉ DU TEMPLE.

J'étais lié avec M. de Jarjayes long-temps avant la révolution. Les déplorables événemens qu'elle fit éclater dès son origine fortifièrent notre amitié. Unis d'opinions et de principes, remplis de respect pour le trône, d'un dévouement sans bornes pour l'excellent prince qui l'occupait, nous nous encouragions l'un l'autre à le servir. Nous savions que donner des preuves de fidélité à Louis XVI dans ses malheurs, c'était acquérir sur-le-champ des droits à la bienveillance de la reine. Cette princesse n'ignorait pas de quels sentimens de respect et de reconnaissance madame de Jarjayes et son mari étaient pénétrés pour elle et pour sa famille. Tant que les événemens me permirent de rester en France, je fus témoin de leur zèle, et quelquefois je fus assez heureux pour le seconder de mes efforts. Une modestie bien rare, et qui n'accompagne jamais que le vrai mérite, les a toujours empêchés d'occuper le public d'eux-mêmes et des services qu'ils avaient eu le bonheur de rendre. Les vrais amis du trône mettent leur gloire à le servir plutôt qu'à s'en vanter. Tous deux, en exposant plusieurs fois leurs jours, croyaient n'avoir rempli qu'un devoir : mais le silence qu'ils s'étaient prescrit, l'amitié peut le rompre; et depuis que M. de Jarjayes n'est plus, sa mort semble m'imposer la tâche de rendre cet hommage à la mémoire d'un serviteur fidèle.

Aussi long-temps qu'il nous avait été possible de donner en France des preuves de notre respectueux attachement pour Louis XVI et pour la reine, nous n'avions eu, M. de Jarjayes et moi à l'égard l'un de l'autre, d'autre réserve que celle qui nous était prescrite par la confiance dont on daignait nous honorer et par l'importance des missions que nous avions à remplir. Du reste, nous aimions à nous communiquer, dans tous nos entretiens, nos sentimens, nos espérances et nos vœux. Nous étions séparés à l'époque des forfaits qui ont souillé l'histoire; mais lorsqu'enfin, après de si grands attentats, après de si tragiques catastrophes, après tant de périls et de si longs malheurs, la légitimité eut reconquis ses droits et la famille des Bourbons son trône, combien il fut doux pour M. de Jarjayes et pour moi de nous retrouver dévoués encore à la même cause et pénétrés des mêmes sentimens? Notre ancienne amitié n'avait rien perdu de sa force, et c'est dans les entretiens de M. de Jarjayes, dans les communications que sa respectable veuve a bien voulu me faire, que j'ai puisé les matériaux du rapide exposé qu'on va lire.

M. de Jarjayes, né en 1745 d'une famille ancienne et distinguée de la province du Dauphiné, militaire instruit et estimé, nommé par le roi maréchal-de-camp, chargé en 1791 de la direction du dépôt de la guerre, perdit cette place quelque temps après, mais n'émigra point d'abord: il avait reçu l'ordre particulier et formel de ne pas quitter la capitale.

Après le malheureux voyage de Varennes, la famille royale étant rentrée aux Tuileries, où elle fut en quelque sorte constituée prisonnière, madame de Jarjayes sollicita, comme une faveur, et obtint d'y être renfermée avec son auguste maitresse. Cette circonstance, facilitant à son mari l'entrée habituelle du château, le mit à même de signaler son zèle, en se chargeant d'une foule de missions délicates et secrètes. Bientôt après une mission plus importante l'appela en Piémont, près de S. A. R. Monsieur (aujourd'hui régnant). De retour à Paris, on le vit successivement figurer au 10 août, à la Convention, dans la loge du Logographe, en un mot, dans toutes les occasions périlleuses qui se présentèrent.

La translation de Leurs Majestés au Temple déconcerta les projets de leurs plus fidèles serviteurs, mais n'ôta pas à M. de Jarjayes toute espérance de leur être encore utile; cependant accablé de douleur, anéanti par l'horrible journée du 21 janvier, il était sur le point de tomber dans le découragement et d'abandonner la France, lorsqu'un inconnu se présente chez lui et demande à l'entretenir en secret (c'était le 2 février 1793.). Cet homme est introduit, conduit dans une pièce écartée, tête à tête avec le général : son costume, le son de sa voix, ses manières, tout annonce un révolutionnaire. M. de Jarjayes l'examine avec inquiétude et craint d'apprendre l'objet de sa visite. Tout-à-coup, qu'on juge de sa surprise, cet homme se précipite à ses pieds : c'est un coupable qui vient réclamer l'indulgence du général, solliciter sa confiance, témoigner un repentir profond de la conduite qu'il a tenue jusqu'alors, offrir enfin de s'entendre avec lui pour sauver les augustes prisonniers du Temple. Résigné à tout événement pour lui-même, mais tremblant qu'un mot, un geste imprudent ne livrent des têtes si chères à la fureur de leurs bourreaux, M. de Jarjayes repousse les confidences de l'inconnu. Pour preuve de sa bonne foi, celui-ci tire de sa poche un petit billet, le lui présente, et M. de Jarjayes y lit ces mots tracés par une main qu'il ne pouvait méconnaître :

« Vous pouvez prendre confiance en l'homme
» qui vous parlera de ma part, en vous remettant
» ce billet. Ses sentimens me sont connus; depuis
» cinq mois il n'a pas varié. Ne vous fiez pas trop

» à la femme de l'homme qui est enfermé ici avec
» nous : je ne me fie ni à elle, ni à son mari. »

Mais qui donc a tracé ces lignes? La reine! et quel est cet homme? c'est *Toulan*; Toulan si connu par son fanatisme révolutionnaire! fanatisme qui lui a mérité la place de commissaire chargé de surveiller la famille royale au Temple.

A peine revenu de sa surprise, M. de Jarjayes s'empressa de demander à Toulan quels moyens il pouvait avoir de réaliser son projet. Le membre de la commune, sans expliquer entièrement ses desseins, déclare seulement qu'il aurait besoin d'être secondé par un de ses collègues, et que si l'on pouvait parvenir à gagner cet autre commissaire, il croirait pouvoir répondre du succès. Le billet écrit par la reine ne pouvait laisser aucun doute à M. de Jarjayes; cependant comme l'importance d'une telle entreprise exigeait qu'on n'agît point sans certitude, et qu'il comptait pour rien des périls qui n'atteindraient que lui, le général demanda à Toulan s'il ne pourrait pas l'introduire au Temple pour qu'il pût y parler un moment à Sa Majesté. Sans se dissimuler les difficultés d'une telle tentative, Toulan ne les regarda pas comme insurmontables, mais avant tout il pria le général de lui remettre un mot qui pût prouver à la reine que ses vœux avaient été remplis. M. de Jarjayes n'hésita point à donner un mot d'écrit, et peu de jours après Toulan lui rapporta

le billet suivant : « Maintenant si vous êtes décidé
» à venir ici il serait mieux que ce fût bientôt. Mais
» mon Dieu! prenez bien garde d'être reconnu, et
» surtout de la femme qui est enfermée ici avec
» nous ! »

Cette femme qui excitait les soupçons de la reine se nommait Tison. Son mari avait été placé avec elle au Temple par la commune, pour y aider, disait-on, MM. Hue et Cléry dans leurs services, mais en réalité pour y épier les moindres actions de la famille royale. Comme avec une hypocrisie vraiment infernale, elle semblait entrer dans toutes les peines des augustes captifs ; ils tremblaient que leurs amis ou leurs fidèles serviteurs, séduits par ces faux semblans d'intérêt, ne se laissassent aller à des confidences dont on aurait profité pour les perdre.

Sous un déguisement qui l'aurait rendu méconnaissable à tous les yeux, M. de Jarjayes fut introduit au Temple par Toulan; il vit la reine : il lui parla. Sa Majesté lui recommanda d'écouter et d'examiner les plans d'évasion que lui proposerait le membre de la commune; et, dans un moment qui pouvait décider de son sort, cette excellente princesse, occupée de celui des autres, recommanda surtout à M. de Jarjayes de lui donner des détails sur ceux de ses anciens serviteurs dont ses malheurs n'auraient point refroidi le zèle.

A peine le général avait-il quitté la tour du

Temple, que toujours frappée de l'idée des dangers auxquels une indiscrétion pouvait exposer M. de Jarjayes, la reine lui fit parvenir les mots suivans. Nous ne citons ce billet que pour montrer à quel point Sa Majesté craignait d'exposer ceux qui désiraient la servir.

« Prenez garde à madame Archi. Elle me
» paraît bien liée avec l'homme et la femme dont
» je vous parle dans l'autre billet. Tâchez de voir
» madame Th.; on vous expliquera pourquoi;
» comment est votre femme? Elle a le cœur trop
» bon pour n'être pas malade. »

Ce seul témoignage d'intérêt de la part de leur souveraine eût suffi aux yeux de M. et de madame de Jarjayes pour les récompenser de leur zèle. Le mari avait répondu par écrit aux demandes que Sa Majesté lui avait faites de vive voix, lors de l'entrevue du Temple. Bientôt il reçut de Sa Majesté une lettre plus importante, la voici:

« Votre billet m'a fait du bien. Je n'avais aucun
» doute sur le Nivernais, mais j'étais au désespoir
» qu'on pût seulement en penser du mal. Écoutez
» bien les idées qu'on vous proposera : examinez-
» les bien dans votre prudence; pour nous, nous
» nous livrons avec une confiance entière. Mon
» Dieu! que je serais heureuse, et surtout de
» pouvoir vous compter au nombre de ceux qui
» peuvent nous être utiles! Vous verrez le nouveau
» personnage; son extérieur ne prévient pas, mais

» il est absolument nécessaire, et il faut l'avoir.
» T..... vous dira ce qu'il faut faire pour cela.
» Tâchez de vous le procurer et de finir avec lui
» avant qu'il revienne ici. Si vous ne le pouvez pas,
» voyez M. de La Borde de ma part, si vous n'y
» trouvez pas d'inconvénient : vous savez qu'il a
» de l'argent à moi. »

M. de Jarjayes vit le commissaire et prit connaissance des projets. On devait cacher dans la tour des habits d'officiers municipaux ; la reine et madame Élisabeth, revêtues de ces habits et portant l'écharpe tricolore, seraient sorties sous ce déguisement un jour où Toulan et son collègue auraient été de garde. D'autres dispositions étaient faites pour l'évasion de Madame Royale et de son frère. Placés dans des voitures apostées et munis de passe-ports en bonne forme, on eût gagné les côtes de la Normandie, et de-là l'Angleterre. Rien de tout cela n'était impraticable ; aussi M. de Jarjayes convint-il de tout avec Toulan et son collègue ; mais le général répugnait à l'idée de mettre encore, en s'adressant à M. de La Borde, de nouvelles personnes dans la confidence d'un projet qu'il trouvait déjà répandu entre trop de monde. Non content de risquer sa vie, M. de Jarjayes risquait encore volontiers sa fortune. Il écrivit à ce sujet à la reine, qui lui répondit en ces mots :

« En effet, je crois qu'il est impossible de faire
» aucune démarche dans ce moment près de M. de

» La B., toutes auraient de l'inconvénient; il vaut
» mieux que ce soit vous qui finissiez cette affaire
» par vous-même, si vous pouvez. J'avais pensé à
» lui pour vous éviter l'avance d'une somme si
» forte pour vous. »

Aucun sacrifice ne pouvait arrêter M. de Jarjayes. L'avance fut faite. Le commissaire toucha la somme, et prit l'engagement de concourir de tout son pouvoir à l'entreprise. M. de Jarjayes reçut le lendemain le plus doux prix de ses soins dans ces mots :

« T..... m'a dit ce matin que vous avez fini
» avec le comm...... Combien un ami tel que
» vous m'est précieux ! »

La reine eût désiré que le dévouement de Toulan fût aussi récompensé : « Je serais bien aise,
» écrivit-elle à M. de Jarjayes, quelques jours
» après, que vous pussiez aussi faire quelque chose
» pour T...... Il se conduit trop bien avec nous
» pour ne pas le reconnaître. »

Aussi désintéressé qu'il se montrait sensible et dévoué, Toulan ne voulut rien accepter de la reine qu'une boîte en or dont elle faisait quelquefois usage; et cette boîte même fut plus tard la cause de sa perte. Sa femme ne put, dit-on, résister au désir de parler du cadeau qu'il avait reçu. Elle montra même la boîte. Des indiscrets, des malveillans ou des envieux le dénoncèrent : il périt plus tard victime de ses généreux sentimens. Mais soit qu'à l'époque où M. de Jarjayes reçut le dernier billet qu'on vient de lire, quelque chose du projet eût déjà transpiré; soit que la terreur, toujours croissante, rendit la surveillance plus active, et les difficultés plus nombreuses, bientôt il fût impossible de songer à sauver Madame et le jeune Roi. C'est alors que la reine, sourde aux représentations, aux instances de ses serviteurs, n'écoutant que son cœur, digne d'elle-même, et telle qu'elle s'était montrée au 6 octobre, au 20 juin, au 10 août, écrivit ce billet, éternel et touchant monument de sa tendresse maternelle :

« Nous avons fait un beau rêve, voilà tout; mais
» nous y avons beaucoup gagné, en trouvant dans
» cette occasion une nouvelle preuve de votre
» entier dévouement pour moi. Ma confiance en
» vous est sans bornes; vous trouverez toujours
» en moi du caractère et du courage : mais l'in-
» térêt de mon fils est le seul qui me guide, et quel-
» que bonheur que j'eusse éprouvé à être hors
» d'ici, je ne peux consentir à me séparer de
» lui. Au reste je reconnais bien votre attachement
» dans tout ce que vous m'avez dit hier. Comptez
» que je sens la bonté de vos raisons pour mon
» propre intérêt, et que cette occasion peut ne
» plus se rencontrer; mais je ne pourrais jouir de
» rien sans mes enfans; et cette idée ne me laisse
» pas même de regret. »

On éprouve, en lisant cette lettre, un sentiment inexprimable d'admiration, d'attendrissement et de douleur, en même temps qu'un redoublement d'indignation et d'horreur pour les monstres qui, non contens de s'abreuver du sang d'une reine adorable, se sont encore efforcés de souiller sa cendre et de flétrir sa mémoire : mais la vérité triomphe, les calomniateurs sont confondus, et quiconque ne partage pas leur délire, convient qu'on ne vit jamais tant de vertus éprouvées par tant de malheurs (1).

La reine, par ce refus héroïque, ayant consommé le sacrifice de sa vie, car sa perte était dès-lors inévitable, il ne restait plus à M. de Jarjayes qu'une dernière preuve de dévouement à donner. Toulan, à l'aide d'une pieuse fraude, était parvenu à soustraire à la commune le cachet de Louis XVI, son anneau ainsi qu'un paquet renfermant des cheveux de tous les prisonniers du Temple. Le plus vif désir des princesses était que ces souvenirs tristes et chers à la fois fussent transmis par des mains fidèles à MONSIEUR, aujourd'hui régnant, et à monseigneur comte d'Artois. La reine en chargea M. de Jarjayes.

Les princes français habitaient alors Hamm en

---

(1) Des *fac simile* placés, soit au commencement, soit à la fin de cette brochure, reproduisent avec une grande exactitude cette lettre et toutes celles qui la précèdent.

Westphalie. M. de Jarjayes s'acquitta de la mission dont il était chargé avec autant d'exactitude que de succès : il eut le bonheur de faire parvenir à Monsieur les précieux gages de tendresse que lui adressait sa famille. Son Altesse Royale les reçut avec un douloureux plaisir : elle daigna manifester sa satisfaction au général dans une lettre remplie des témoignages d'estime les plus flatteurs et les plus honorables dont puisse s'enorgueillir un serviteur fidèle. Cette lettre est datée de Hamm, le 14 mai 1793. On y remarque ces expressions touchantes :

« Vous m'avez procuré le bien le plus précieux
» que j'aie au monde, la seule véritable consola-
» tion que j'aie éprouvée depuis nos malheurs :
» il ne me manque que de témoigner moi-même
» aux êtres plus chers que ma vie dont vous m'avez
» donné des nouvelles, combien je les aime, com-
» bien leur billet et l'autre gage de leur amitié, de
» leur confiance ont pénétré mon cœur des plus
» doux sentimens. Mais je ne puis pas me flatter
» de tant de bonheur, et je suis bien sûr que, si
» vous en connaissiez un moyen, vous me l'indi-
» queriez. J'aurais désiré vous voir, vous parler
» de ma reconnaissance, m'entretenir avec vous
» d'eux, des moindres détails, des services que
» vous leur avez rendus. Mais je ne puis qu'ap-
» prouver les raisons qui vous font rester en Pié-

» mont. Continuez à y servir notre jeune et mal-
» heureux roi, comme vous avez servi le frère
» que je regretterai toute ma vie. Dites de ma part
» à M. de Jolly combien je suis satisfait de sa con-
» duite, et comptez tous les deux à jamais sur
» moi.

» Louis-Stanislas-Xavier. »

Une autre lettre, écrite par Sa Majesté, datée de Vérone le 27 septembre 1795, contient l'honorable assurance des mêmes sentimens à l'égard de M. de Jarjayes. Cet officier général était entré au service du roi de Sardaigne qui l'avait pris pour son aide-de-camp (1).

Ce loyal serviteur a conservé ces lettres jusqu'à sa mort et les portait constamment sur son cœur. Elles sont maintenant entre les mains de sa respectable veuve qui a bien voulu me les communiquer.

Madame de Jarjayes n'avait été étrangère ni aux projets ni aux tentatives de son mari; et lorsqu'il eut perdu toute espérance, elle partagea bien vivement ses regrets. Sa propre conduite ne fut pas moins honorable que celle du général, et la reine dont le cœur était aussi sensible que son ame était

---

(1) En 1815, lors du retour du Roi en France, M. de Jarjayes fut élevé par Sa Majesté au grade de lieutenant-général.

grande, lui donna une preuve touchante de sa reconnaissance, en chargeant M. Tronçon du Coudrai, l'un de ses défenseurs, de lui remettre deux anneaux d'or qu'elle portait aux oreilles et une mèche de ses cheveux. M. Tronçon du Coudrai ayant été arrêté et fouillé, on trouva ces précieux objets. Interrogé sur leur destination, il désigna madame de Jarjayes dont le nom était d'ailleurs écrit sur le papier qui les renfermait. Madame de Jarjayes fut arrêtée et mise à la Force où elle resta six semaines. Mise en liberté, elle fut arrêtée de nouveau avec la plus grande partie de sa famille, et renfermée dans le couvent des Anglaises d'où elle ne sortit qu'au bout de neuf mois, après la mort de Robespierre.

Les détails qu'on vient de lire doivent tout leur intérêt aux illustres captifs qu'ils concernent et surtout au dévouement d'une princesse qui fut l'exemple et le modèle des mères. Aujourd'hui que la Providence nous a rendu les petits-fils d'Henri IV, les sentimens de respect et d'amour que tout bon Français leur a voués, doivent puiser une force nouvelle dans la lecture de ces documens authentiques; ils mettent dans tout leur jour les vertus qui caractérisent le chef de cette auguste maison; ils attestent cette confiance réciproque, cet heureux accord, cette tendre et vive amitié fraternelle qui n'a cessé de régner un moment entre les Bourbons, accord qu'on trouverait respectable parmi de simples particuliers, et qui a quelque chose de si noble et de si touchant dans la famille des rois.

Enfin cet exposé que j'aurais voulu pouvoir rendre plus succinct, prouve que les services les plus éminens perdent beaucoup aux yeux du public lorsqu'ils ne sont point accompagnés du talent et du désir de les faire valoir, et décèle en même temps la cause secrète du silence que madame Campan a affecté de garder sur le compte de ses estimables compagnes.

On remarque qu'elle n'a figuré dans aucune des circonstances où la reine courut des dangers. Madame de Jarjayes sollicita et obtint d'être enfermée aux Tuileries avec Sa Majesté, au retour de Varennes; madame Thibaut suivit son auguste maîtresse au Temple; madame de Navarre, femme de chambre de madame Élizabeth; madame Saint-Brice, attachée en la même qualité à monseigneur le Dauphin, et madame Bazire, femme de chambre de Son Altesse Royale MADAME, y entrèrent également : il n'en fut pas de même de madame Campan qui n'y parut point : elle était toujours présente lorsqu'il s'agissait d'obtenir des faveurs pour elle-même ou pour sa famille.

ERRATA.

Page 47, ligne 15 : et pour, *supprimez* et.
Ibid., ligne 20 : mon, *lisez* le.
Page 51, ligne 8, portés, *lisez* postés.
Page 58, ligne 19, pourquoi il, *lisez* pourquoi enfin il.

(1)

vous pouvez prendre confiance en
l'homme qui vous parlera de ma part,
en vous remettant ce billet. Mes sentiments
me sont connus; depuis 5 mois il n'a pas
varié. Ne vous fiez pas trop à la femme
de l'homme qui est enfermé ici
avec nous: je ne me fie ni à elle
ni à son mari —

(8)

nous avons fait un beau rêve, voilà tout; mais
nous y avons beaucoup gagné, en trouvant
encore dans cette occasion une nouvelle preuve
de votre entier dévouement pour moi. Ma
confiance en vous est sans bornes; vous trouvez
dans toutes les occasions en moi du caractère
et du courage; mais l'intérêt de mon fils est
le seul qui me guide, et quelque bonheur que
j'eusse éprouvé à être hors d'ici je ne peux pas
consentir à me séparer de lui. Au reste je
reconnois bien votre attachement dans tout ce que
vous m'avez ●●●●●; comptez que je sens la bonté
de vos raisons pour mon propre intérêt, et que cette
occasion peut être plus se rencontrer, mais je ne pourrai
jouir de rien en laissant mes enfans, et cette
idée me laisse pas ●●●● de regret.

(3)

prenez garde a m.de
arch.¹ elle me paroit
bien liée avec l'homme
et la femme dont je
vous parle dans l'autre
billet.

tachez de voir m.de th.
on vous expliquera pour-
quoi. comment est votre
femme; elle a le coeur
trop bon pour n'etre pas
bien malade

recto et verso du billet.

(2)

maintenant si vous etes
décidé a venir ici il seroit
mieux que ce fut bientot;
mais mondieu prenez bien
garde d'être reconnu surtout
de la femme qui est enfermée
ici avec nous.

(7)

je serois bien aise que
vous pussiez aussi faire
quelque chose pour t. il
se conduit trop bien avec
nous pour ne pas le
reconnoitre.

votre billet m'a fait bien du bien je n'avois aucun doute, sur le nivernois, mais j'étois au désespoir qu'on put seulement en penser du mal. écoutez bien les idées qu'on vous proposera: examinez les bien, dans votre prudence; pour nous nous livrions avec une confiance entière. mon dieu que je serois heureuse, et surtout de pouvoir vous compter au nombre de ceux qui peuvent nous être utile! vous verrez le nouveau personnage, son extérieur ne prévient pas. mais il est absolument nécessaire et il faut l'avoir. t... vous dira ce qu'il faut faire pour cela. tachez de vous le procurer et de finir avec lui avant qu'il revienne ici. si vous ne le pouvez pas voyez mr de la borde de ma part, si vous n'y trouvez pas de l'inconvenient, vous savez qu'il a de l'argent a moi.

(5)

En effet je crois qu'il est
impossible de faire aucune
démarche dans ce moment
près de m: de la b... toutes
auroient de l'inconvénient
il vaut mieux que ce soit
vous qui finissiez cette
affaire par vous même, si
vous pouvez. j'avois pensé
a lui pour vous éviter
l'avance d'une somme si
forte pour vous.

(6)

t... m'a dit ce matin que
vous aviez fini avec le comm..
combien un ami tel que
vous m'est précieux !

La Collection des Mémoires relatifs a la révolution française *comprendra ceux* :

(Mémoires publiés)

De Madame Roland;
Du Marquis de Ferrières;
De Linguet (sur la Bastille);
De Dusaulx, Membre de l'Institut (sur le 14 juillet);
Du Marquis de Bouillé, Lieutenant-général;
Du Baron de Besenval;
De Bailly, Maire de Paris;
De Weber, concernant la reine Marie-Antoinette;
De Barbaroux (sur la Révolution du 10 août; *inédits*);
Du Général Dumouriez, *augmentés de morceaux inédits*;
De M. le duc de Choiseul, pair de France (*inédits*);
De Madame Campan (*inédits*);
De l'abbé Morellet;
De Riouffe;
De Madame la marquise de La Rochejaquelein;
De Madame la marquise de Bonchamps (*inédits*);
De Louvet, Membre de la Convention;
De M. le baron de Goguelat;

(Mémoires à publier)

De Rabaut-Saint-Etienne, Membre de l'Assemblée constituante;
De Mounier, Membre de l'Assemblée constituante;
Du Marquis de Lally-Tollendal;
Du Marquis de Rochambeau, Maréchal de France;
De Rivarol (Extrait du Journal national);
De Durand de Maillane, Membre de la Convention (*inédits*);
Du Général Puisaye, avec la correspondance de Charette, Stofflet, etc.;
Du Marquis de Montesquiou, avec la réponse du Comte d'Antragues;
De Camille Desmoulins (Histoire secrète de la Révolution);
De Saint-Just (Esprit de la Révolution);
De M. Necker (Choix de ses écrits sur la Révolution);
De Cléry (Journal de ce qui s'est passé au Temple);
De Mallet-du-Pan;
De Fréron (sur la réaction du Midi);
De M. Garat (sur la Révolution);
Du Général Doppet;
De Beaumarchais (Requête à la commune);
De Ramel, Aymé, etc. (sur le 18 fructidor);
De Marmontel, Membre de l'Académie française;
De Phelippeau (sur la Vendée);
De Vilatte et d'Antonnelle;
De Courtois (sur le 9 thermidor).

La Collection des *Mémoires relatifs à la Révolution française* est publiée par souscription.

Sous presse, pour la quatorzième livraison, les *Mémoires de Meillan*, *représentant du peuple*, et les *Mémoires sur la Vendée*, par un ancien administrateur de l'armée républicaine.

www.ingramcontent.com/pod-product-compliance
Lightning Source LLC
LaVergne TN
LVHW050639090426
835512LV00007B/921